흰나비 한 마리 앞산 치마 걷어 올리고

흰나비 한 마리 앞산 치마 걷어 올리고

초판인쇄 | 2025년 6월 15일 **지은이** | 석인구 **펴낸이** | 김영태
펴낸곳 | 도서출판 한비CO **출판등록** | 2006년 1월 4일 제25100-2006-1호
주소 | 700-442 대구시 중구 남산2동 938-8번지 미래빌딩 3층 301호
전화 | 053)252-0155 **팩스** | 053)252-0156 **홈페이지** | http://hanbimh.co.kr
이메일 | kyt4038@hanmail.net

ISBN 9791164871650
ISBN 9788993214147(세트)
값 15,000원

*잘못된 책은 교환해 드립니다.
*저자와의 협의로 인지는 생략합니다.

흰나비 한 마리 앞산 치마 걷어 올리고

석인구 제4시집

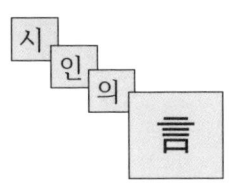

바람에 익어드는 저 바람꽃은 네가 아니다
제발 좀 보아달라고 쉼 없이 팔랑대는 양귀비꽃
너의 유혹에 전부를 빼앗기고도 아직
열애의 절경을 그려낼 수 있다니 다행이다
농익은 빨강과 초록의 詩를 봇도랑에서 건져 놓고
유월의 녹음 아래서 꽃잠은 낭만 행복이다

휘어지지 않는 감성 붙들고 날밤을 새었다
곡예의 밤을 파도처럼 출렁이면
달빛은 단 둘만의 얼굴을 부벼댄다
해학적 손찌검으로 파고드는 숱한 유혹의 무리들
열두 걸음 마디마다 매듭지은 얼룩이 詩의 인연들이다
헝클어진 마음 밭을 고운 빛깔로 채색해준 그들에게
아름다운 달빛 창을 돌려드린다

2025년 6월 15일   桑阿 詩園에서.

목/차

1부
떠나버린 참모습

바람이 시들해지는 어느 가을밤
누군가 집적인 흔적에 돌아보면
희미하게 떠오르는 그날의 열망

친근한 오해 10
천남성 11
시선 집중 12
울창한 성城 14
연서 15
치자꽃 향기 16
허기진 말(言/馬) 18
바람이 시들다 19
관음동 모텔 20
사라진 다방 21
단비 22
달의 詩 23
물의 화원에서 25
오디술 27
셈이 잘못되었다 28
애련의 그 얼굴 29
흉내 내기(봄비처럼) 31
입동 32
호미 33
비련의 詩 34
바람의 詩 36
빗속의 산막 38

2부
아름다운 향기가 될 수 있다면

세상이 온통 제 잘난 빛깔로 시샘 뻐근한데
하얗게 뒤집어쓴 보배로운 탄성을
누구의 이름으로 불러 줄까요

장대비 속 풍경 40
옆얼굴 41
주권 체면 42
가을 빛깔의 동화童話 44
하중도의 빨강 자전거 46
진정한 그 한마디 속삭임에 47
파도 타는 여인 48
시월의 바람 49
살아남은 자유 51
입하 53
앗차, 그 생각 54
회향回向 55
참극 56
생각의 차이 58
작약 꽃무리 59
삼 월, 정경을 품다 60

3부
우연히 스친 따스함

알게 모르게 흔들렸어도
이상理想의 자리에 그대로 남아있는
나의 베아트리체

가시랭이 62
벗은 몸이 더 뜨겁다 64
동백 바다의 아침 66
농촌 풍경 67
가을장마와 노랑 우산 68
꽃 사과나무 69
립스틱이 맛나요! 70
비의 마음 71
변절變節한 추억 72
봄 강을 건너가면 73
가을 소리 74
망자의 화원에서 75
봉인 76
첫사랑 77
꽃바람 시샘 78
태열胎熱 79
비보호 좌회전 80
철학 탐험 81
그 이름 빨강 83
허공의 자유날개 84
양귀비 꽃이 피었다 86

4부
하얗게 눈 덮인 동백

보랏빛 향기 그늘에서 너를 노래한다
골목 비켜 나온 양지 언덕에
숨 막히는 웃음 향기 그대로 봄날이 왔다

상처 90
불을 켜다 91
사랑의 간극 92
먹 바람 소리를 찾아서 93
가을 폭풍 95
바람의 오아시스 96
몽니부리다 98
환상 속으로 99
물의 형상 100
치료 명약 101
살아있는 선물 103
라일락 노래 104
느티의 그늘 106
만복대 107
상아시원桑阿詩園 108
불두화 110
상수리나무 아래서 111
황폐한 도시에 꽃詩를 심자 112

*작품해설 : 김영태_116

1부
떠나버린 참모습

바람이 시들해지는 어느 가을밤
누군가 집적인 흔적에 돌아보면
희미하게 떠오르는 그날의 열망

친근한 오해

원래 비밀은 자신에게 남겨두는 것을 말해. 아무리 한밤에 둘이 엉겨 있어도 절대 바른말 하지 마! 다시는 얼굴 마주하고 춤추지 못해, 왜냐구, 그 이유를 알고 나면 넌 다시는 날 보려고 안 할 거야, 그 비밀은 결단코 이름이 없다는 것, 젊잖다는 모양새는 다중이 있을 때 얘기야, 유혹의 화신은 과연 어느 쪽일까, 자신을 지킬 수 있는 것과 정반대의 처지는 비교 상대가 될 수 없다는 말, 추억이 아름답다는 공통의 답을 두고도 서로 등을 보이기도 하는 게 절대 이상한 게 아니야. 조심해!

천남성

경계경보가 울었어도 옴짝도 하지 않는다
목을 쳤어도 막무가내 쉰 소리뿐이다
외진 구석빼기 비탈진 곳 그 어디건
불끈한 근육질에 힘자랑하듯 파득 거린다
선혈이 낭자해도 아랑곳 않고
늘 그 자리 지키기에 텃세가 대단하다

사악한 여인의 목에서 토혈을 받아내고
간신배의 귓속말에 충신을 넘기며
삼대를 이어가려 앙칼진 몸부림에
기어이 거사를 치르게 한 그 이름
출중한 미모에 매혹적인 눈빛 하나로
세상 모든 악의 근원을 뿌리째 흔들었다

기절초풍
붉은 멍울로 피어오르는 한의 꽃이 만개했다
기적을 이룬 듯 '희빈'을 반겨 안았다
저 먼 꿈의 광장으로 걸음 내딛는
황홀한 이승의 팔월은 그나마 초록이 난무하다

시선 집중

우리 곁에도 육칠십 년대 섣부른 파티문화로 인해 세상을 시끄럽게 한 사건들이 꽤 있다. '이브닝드레스'가 화근이다. 원래 이 옷은 가슴을 최대한 도드라지게 해야 '프리마돈나' 자리에 까지 오를 수 있을 정도로 화려함의 극치를 그곳에 둔다. 그것이 그 밤의 운명을 좌우 한다. 가슴에 뭇 시선이 꽂히고 춤을 출 때도 최대한 밀착해서 상대를 내 편으로 끌어들이는 도구이자 수단으로 써야만 한다. 남자는 모른다. 여자들 가슴 속에 감추어진 비수가 얼마나 날카로운지를.

세상에 절반이 여자인데 하나 건너 하나인데 쉽게 걸려들지 않는다. 그렇다. 이상하게도 탐험의 주요한 선택권이 어찌 여자에게 있는 것인지 의문을 풀지 못하고 있다. 여자의 가슴에서 흘러나오는 미려한 독침의 미소에 함몰하는 자들아. 국운을 무너트리고 역사를 뒤엎어버리고 가정을 송두리째 거들내고도 쓴웃음으로 덮어버리는 여자의 힘. 그런데 소요의 중심에는 늘 남자가 문제로 대두 된다. 개인 간의 '사랑역사'에 줄곧 엎질러지는 실패의 주범이 여자일까? 아닐까?

세상 모든 우월을 건드려보아도 여자의 가슴만한 게 없다. 그곳에 한 번 침몰하면 끝장난다. 순정도 볕을 쪼이면 등을 돌린다지만 봄볕 가을 볕 그 맛이 다르듯 사람의 관계란 단지 남녀문제만은 아니다. 어쩌겠나. 여자를 몰아세우지는 마라. 복잡 다난한 얼개 속에 감추어진 철학을 혼자 끌어안고 끙끙거리면 해답은 없다. 재물을 나누듯 정도 나누어 가져야 내 몫이 빛이 발한다. 눈을 크게 떠라. 그러나 난 소싯적에 영화 '부베의 연인'을 보고 가슴에 숨겨둔 것이 있다. 여자의 우월성과 열애의 감성에 주눅들만 했다.
- '부베'를 놓지 않는 연인 '마라' 같은 여자가 과연 현세에 존재하는 것인가?

울창한 성城

떠오르는 달을 쳐다보면 울컥할 때가 많다. 꽉 차올라 가득한 온기가 내 정원을 덮을 때면 주저 없이 무거운 옷을 벗어놓고 은빛 강을 건넌다. 골동품 실은 나귀가 엎어져 제 몸뚱이를 홀연히 감춘 숲에서 낯선 이야기가 들려오면 분명 귀 기울여야 했다. 흙 삽을 말끔하게 씻은 농부의 쩍쩍 갈라진 손바닥 틈새로 선혈이 비치는 걸 보면 만월임을 알 수가 있다.

고통을 이겨낸 하루의 입맛을 오롯이 품고 있는 맑은 가슴. 결코 적을 그대로 둘 수 없어 이따금 하얀 깃발 흔드는 봉수대에 오른다. 열망을 부르짖던 그 밤. 벅찬 순간의 흔들림을 침묵으로 버티며 꼿꼿이 올려 세운 거룩한 성의 이름은 네가 갖고 있다. 도저히 무너트릴 수 없는 철옹성을 어찌할 수 없는 난 오히려 머뭇거린다. 마음 헐린 순간마다 다시 추켜올리는 비애를 성벽 두 기둥에 고스란히 그려두었다. 창보다 방패의 위용이 더 우렁차다. 달빛을 보아라. 그날의 그 순간만큼 뜨거움이 한가득 솟구친다.

연서

불덩이에 면상이 그을린 책상
붉은 상처 붙들고 수십 년 고행 중이다
이따금 주인 잃은 재채기가 건너갈 때면
그날 그 뜨거운 밤을 기억하곤 한다

바람이 시들해지는 어느 가을밤
누군가 집적인 흔적에 돌아보면
희미하게 떠오르는 그날의 열망
아직도 뒷주머니에 남아있을
너의 따스한 책갈피 입술

세월을 불러 세운 낯선 골목길
춥고 가난한 불빛들 모여 앉아
서로의 몸 데워주며 이야기 밤 지킨다
그 밤에 흰 눈이 날리던 것처럼
똑같은 정경이 숨죽여 속닥인다
사랑의 빛깔은 변하지 않는다고,

치자꽃 향기

치자나무 묘분苗盆 두 개를 들인지도 어언 다섯 해를 지났다. 제 뜰을 바꾼 뒤 첫 겨울은 혹독했다. 시름시름 몸살 앓이 할 때는 인연을 비켜갈까 싶어 무척 안타까웠는데 시련기를 지나니 어느새 소년 키만큼 자라 제법 의젓해졌다. 초여름 진객의 새하얀 볼에서 뿜어 나오는 향기는 유혹이라기보다 안녕을 묻는 평화의 희구希求라 할까. 때때로 끊어진 인연을 부르는 제례祭禮의 방편마다 가슴을 물들이는 붉은빛깔은 숙연함 그 자체다.

쇠는 두들겨 길들이지만 인간의 마음은 그저 허전함에 인연끼리 엉기어 하나로 결속하는 혈연이 최우선이다. 그것이 우리 민족의 풍속인 제례가 큰 몫을 한다. 치자나무 두 녀석이 이제 한 몸 되어 덩치가 비만형이다. 경계를 나누려 사이에 끼워둔 분화의 벽은 이름값을 하지 못하고 그 속에 숨어버렸다. 질서정연한 세상에 인간이 끼어들어 결을 흩트리는 것은 큰 죄악이 된다.

새벽 두 시에 앉은뱅이책상 앞에 앉은 시인은 인간을 지배한 검붉은 향에 또 한 번 취한다. 한밤에 따끈한 인스턴트커피 맛이란 세상 그 무엇과도 흥정을 거부한다. 교만을 끼얹은 어둠 속 향취, 멀찌감치 밀쳐두었던 추억을 다시 불러내어 또 한 편의 서사로 그려보는 연모의 참맛은 이 순간 코끝에서 걸음 멈춘 달콤한 커피 향이 한껏 도와준다. 이제 하늘 날개를 풀어 아득하고 아찔한 이상 세계로 유영하는 영혼을 지상에서 가장 향기로운 두 개의 몸 장단으로 꿰맞추고 있다.

산과 바다로 내달리던 청춘의 역마살이 꺾였을 어느 해. 치자꽃 향기로 나를 침몰시킨 보문산 산길 꽃비 유혹을 자꾸 떠올리게 하는 여름날이다. 옹골지게 파헤친 가슴팍 위로 고스란히 살아있는 붉은 입술의 촉촉함이 인연의 두 손 합장케 했다. 일곱 해의 고른 발자국이 아직 선연하게 보인다. 실바람 부는 날이면 어김없이 두 손 잡고 보문산을 오르곤 했다. 간질이는 숨결마다 젖어오던 그때 그 향기는 여전히 식을 줄 모른다. 낮과 밤 어느 쪽이든 한결같이 꽃물 젖게 그늘을 펴 준 사람. 그 고운 빛깔 고매高邁한 향이 영원하기를, 두 향기 오래도록 남아 흐르기를 소원한다.

허기진 말(言/馬)

체념이란 두툼한 옷을 벗어 던지고 이제 말 꽃을 피워내자
저작咀嚼 공정에 편승한 어금니 하나, 임플란트
남의 것 가져다 내 몸을 지탱하는 일이 참 당당하다
말言이 말馬을 날뛰게 하는 엉뚱한 짓이 새삼 어울리게 한다
문명이 올려 세운 바윗덩이 하나
격랑의 계곡 지날 때마다 말馬을 뜯어먹고 살았다
먹자판에서 요동치는 말言 풍경이 사뭇 호기롭다.

어금니 하나 빼앗긴 말言의 풍경이 자꾸 언저리를 꼬집는다
생존을 향해 주눅 드는 것은 총알받이로 대신 뭇매를 당하는 일이다
말馬 사이사이 그 후유증은 인근 소작인 마을까지 쑥대밭으로 만든다
병이 깊어 식은땀에 거동 불능일 때 생각하면 말馬 풍경이 호사다
저항의 몸부림을 두고 마치 응원군 인양 채찍을 가하는데
고통의 말言보다 뒷걸음질 치는 눈빛들이 더 야릇하다
씩씩한 발굽 소리가 철망을 찢어도 소용없는 쾌걸 휘파람 소리는
오히려 허기진 말言을 몰고 다닌다, 역마살에 말馬이 호들갑이다.

바람이 시들다

오늘도 두어 시간을 쾌속질주했다. 무언가에 쫓기듯 특별한 일이 생긴 듯 거리의 얼굴들을 활동사진에 파노라마로 엮으며 달리듯 걸었다.
바위산에 올라 헤진 신발 벗어 놓고 자연 바람에 정중히 인사하는 듯 지상에서 가장 뛰어난 모습으로 건방지게 콧대까지 세우고서 다음 신호 대기 중이다.
잠시 멈춘 것은 걸음이 아니라 생각이다. 이 순간에 스쳐가는 바람은 이정표를 잊어버렸다. 건강검진 없이도 이곳까지 달려온 한 인생의 정직한 걸음이 드디어 비틀거리기 시작한 것이다.
마트에서 셈을 자꾸만 틀리게 엎지르는 '캐셔'와 눈이 마주쳤을 때 무안한 내 지갑은 그냥 헐렁할 뿐이다. 찍고 다시 두드려보지만 오류의 판은 울상에 눈물 떨군다.
제 몸이 충전되지 못한 것을 상대를 탓하는 듯 실룩거리는 입, 자꾸만 삐딱해지는 내 몸의 기울기처럼 세상은 더 휘청거리고 있다.
제각각 길을 잃고 어디론가 쏜살같이 달려가지만 결국 막다른 골목이다. 흉악범이 묵비권으로 제 몸을 막아서 듯 세상은 바람조차 뒤돌아선다.
바람도 시들어간다. 자꾸만 귀 울음이 따라온다. 손사래 쳐도 좋아라 하는 짓이 자꾸만 따라온다. 특별할 것도 없는 하루가 무엇엔가 홀린 듯 또 달려 나간다. 그곳이 어딘 줄도 모르고.

관음동 모텔

빛은 거기까지 오지 못했다
걸음 주저하던 과객은 새벽잠 버리고 서둘러야 했다
기억이 흐릿한 종소리 찾아 부지런히 엑셀 밟는다
알싸한 공기에 정신이 번뜩 번개를 친다
고속도로 허리춤에 큰 동전 하나 던져 넣는 재미
그렇지만 목젖 간질이는 충동의 시간
몸속 피돌기가 상온을 넘어 점점 끓기 시작한다
한때 잃어버렸던 비등점을 찾아 달려 나간다
잊혔던 이야기가 채찍으로 바람을 가를 때
들려오는 신음 소리
광란의 기차는 노회한 기적 뿌리치고 안개를 껴안는다
언덕 위 졸음에 꽉 찬 불빛 동공이 화들짝 놀란다
몇 번인가 고개 숙여 맞이한 밤은 그때뿐
결코 새벽은 활짝 열리지 않았다
소리의 날개는 더 이상 날지 못하고 주저앉아 버린다
그곳에는 정착할 어떤 이유도 존재하지 않았기 때문이다
빛마저 손사래 치는 여기
더듬더듬 다시 기억해 낸 열애의 종탑 아래서
그의 손짓이 밝아오길 기다린다

사라진 다방

식어버린 찻잔에 빈 꼭지 휘저으며 목이 쉬어버린 레코드판에 손찌검한다. 자꾸만 벗으려는 '커피 그림' 아가씨를 겨우 달래어 지상에서 춤추라며 꼬드겨 올려 세웠다. 그게 화근이었다. 그녀가 사라진 사건이다. 결코 벗이 될 수 없는 동물의 축제에서 무단히 그녀를 다시 보았을 때 그날 밤 담벼락 외등 아래 왜 홀로 고개 숙였는지 알 것 같았다. 슬픔이 빈 지갑을 채울 때마다 그녀의 어깨는 눈치 없이 출렁였다.

끝끝내 치마 차림을 고집하며 갈비보다 술이 좋다던 비련 중독증 그 사연. 멍청하게 팔월 휴가를 손톱 장식에 쏟아 붓고도 선풍기 앞에 퍼질러 앉아 웃고 있는 속이 텅 빈 그녀의 다리가 바람에 날린다. 영원으로 향하던 그녀의 길쭉한 향기가 빨대 컵에 올라앉아 머뭇거린다. 외로운 햇살이 함께 하자며 그녀의 미소에 꽃을 달아주었다. 해묵은 기억은 어느새 달려와 식어버린 찻잔 들추며 늙은 마담에게 미운 마음 내 보이지만 닫힌 문은 열리지 않는다. 미모는 그저 빈껍데기 위에 분칠한 파탈擺脫이어서 향기가 없다는 약점이 있다. 결국 치명적 약점을 두고 다투어 봤자 제값을 찾을 수 없으니 거리의 꽃이 된 것, 변명의 여지도 악담도 소용없는 그림 그대로 변천사의 흉터로 남아버린 시대의 울분이다.

단비

토요일 정오, 마침 잊어버린 비상 훈련을 시작한 듯 드디어 쏟아지는 비
맨발의 투사가 되어 함께 뛰고 달린다
오월은 이미 지나쳐버렸다
기다렸지만 정녕 마주하는 순간의 희열은 벅찬 혼란이다
예리한 칼날로 달려드는 두려움에 가뭄의 종말은 꼭 기억해 두리라
연못 개구리들도 일제히 우산 아래로 몰려든다
물 배추 여린 이파리 사이사이에 웅크리고 앉아 긴 하품으로 마른 불을 끄고 있다
눈앞에서 부르짖던 구애는 열망의 편견이 전부다
꽃은 화환처럼 그 큰 눈을 싱그럽게 열어 보인다
살아있어, 네 가슴 크기만큼 내 마음도 부푼 거야
항행하던 유월의 배가 빈 술병을 던지며 뜨거운 밤의 기약을 채우고 있다
후줄근하게 흐른다며 일제히 젖은 입술 내민다
달콤한 추억이 세상을 향한 힘찬 노래
빗줄기가 리듬을 타고 사방에서 모여든다
수선화 낙수落壽에 꼬옥 입 맞춘다, 향기의 비 맛이다

달의 詩

시인 이름 곁에 숙녀 아닌 여인이란 이름이 줄곧 오르는 걸 보면 나 역시 세월 깊숙이 들었음을 은연 중 드러나게 한다.
결이 익지 않은 엉성한 꼴을 보면서 헤픈 웃음에 자위로 등을 긁지만 위로의 어떤 손길만큼은 아닌 것이 분명하다.
이따금 귀에 익은 목소리로 '도솔천 가는 길'을 추적추적 비 적시는 가수의 달큰한 소리가 잊었던 그 시절로 회상의 그림자 끌고 가지만 내 걸음은 아직 느리다.
스무 아흐렛날 밤에 하늘로 띄운 달 그것은 달이 아니라 먼 산등성에서 초병이 지키는 겨레의 우람한 용맹이다.

벌겋게 익은 저 모습으로 굳건히 지켜낸 밤의 얼굴을 다시 대할 때면 소스라치게 뛰쳐나간 열망의 그 밤을 그리워하는 것은 본능일 게 분명하다.
하지만 띠 동갑 아래의 여인을 곁에 두고 보면 무상함을 더 크게 느낀다.
번번이 실패를 거듭했음에도 포기를 모르는 것을 두고 열정이라 말하지 않는다.
저 달의 몸속으로 기러기 떼가 빨려 들어가도 밤은 꿈쩍도 않고 그대로다.
여태껏 빌려 쓴 시간의 기록을 고스란히 불태우는 정경을 묵묵히 지켜주는 그대가 여인이었기에 천만

다행한 일 아니겠나.

삼백예순 계단을 줄기차게 올랐건만 쉼 박이 그대로다. 마음 멍울이 풀리기를 바라면서 합장했다. 소리치지 못할 딸깍발이 행색 보이고선 이대로 이 밤을 건너가 달 항아리에 푹 익혀둔 나의 '詩'를 끄집어내어 함께 만나보자. 산등성 달이 더 높이 높이 떠올라 밤을 잊게 할 것 같은 불면의 '時'를 깨운다.

물의 화원에서

소금쟁이가 한가로이 노니는 연못에 하늘 한 자락 당겨놓고 평상에 누웠다. 아득히 먼 것 같았던 저 푸르름을 곁에 두고 새의 깃털처럼 가벼운 몸으로 또 하나의 정취를 노래한다. 세상 무엇과도 견줄 수 없는 운치 자욱한 이 정경을 외면한 채 내 안에 숨겨두고 지낸 그를 살며시 끄집어내어 본다. 무척이나 아파하면서도 그 어여쁨에 멀리 보내지 못하고 다시 품어야 했다. 뜨거움보다 진한 안타까운 별리를 경험한 터라 한순간도 놓지 못해 내 안에 숨겨두고 살았다. 한낮 숲속의 정취를 알 턱없는 속인들에게 꼭 하고픈 말, 세상에는 '사랑과 이별'이란 난해한 숙제를 명쾌하게 풀어준 철학자는 없었다고. 그래서 이 순간을 또 어둠 속으로 끌고 간다.

그가 내 품을 슬며시 빠져나가는 순간 나는 물이 되었다. 비등점의 맨 꼭지를 눌렀을 때처럼 순간 하얀 물거품 위로 소멸하는 나의 이상과 꿈은 과연 어디에 있는 것일까. 빗살무늬 토기에 감춰진 푸른 잎사귀가 어둠에서 깨어난 듯 환한 자리 그건 물의 자리다. 한 방울의 진주가 되어 사라진 그와 달리 나는 조각배에 휩쓸려 먼 바다로 다시 떠난다. 이 끌림에 무작정 따라나선 그 길에서 보았던 기적 같은 춤사위 그건 회상이었다. 홍조 띤 물빛 그늘이 흔들어버린 수선화의 얼굴이었다. 그래도 꽃이다. 자꾸만 어우러지지만 그러나 이상의 나래는 허무다. 꿈의 가치도 허무다. 내 마음이 저 물 위를 다시 걸어 나오기를 희망한다. 허무의 물 위로 사라진 나의 진주를 기다린다.

오디술

오장을 선혈로 잔뜩 적시면 불끈하는 아랫도리 힘을 어쩔 수 없이 맨주먹으로 겁박해야 했다. 눈치 빠른 천사는 주저 않고 차림새를 바꾸더니 헛간으로 자리를 옮겨 여정을 끝내 주었다. 누에 석 잠이 그토록 깊은 잠 인줄 미처 몰랐다.

동트기 전 삶이 가장 치열하다고 했다. 뜨거운 밤을 식혀주려 새벽은 이슬 눈을 깨워 보냈다. 조금 늦은 듯해도 이제 자연으로 걸어든다. 닳아 뭉그러진 무릎으로 다가가도 대꾸 않던 꽃들이 즐비하다. 그땐 그래도 괜찮았었는데 시효가 문제다. 언덕 아래쪽 물 함지에는 보랏빛 부레옥잠 꽃들이 시녀처럼 고개 숙인 채 눈만 껌뻑인다. 침묵의 잠에 빠져 헤어 나지 못하고 있다. 바람이 끼어들어 잠을 깨운다.

개량된 몰골은 우람한 덩치 싸움이다. 오디 알갱이가 엄지만 하다. 그러나 약하다. 속 알에 물은 많지만 무르다. 건드리면 그냥 쏟아낸다. 절정에 목숨 끝까지 올라선 열애의 함성 같다. 이 절경을 설명하기란 현실의 기대심리가 조금은 부담이다. 막길을 나선 일탈의 끈이 툭 끊길까 염려되어 입을 오므린다. 한 잔 오디술에 취흥이란 보통 사람들은 접근조차 어렵다. 진국의 맛은 그렇게 염치를 감추고 푹 익는다.

셈이 잘못되었다

'바람둥이' 하면 주저 없이 수컷이라 단정 짓는다
상대는 간섭 없이 그냥 묻혀버리고
모든 쾌락의 근원을 수컷에다 뒤집어씌운다
정말 죄 많은 악마의 논리다
사랑은 흔하디흔한 노래라며 조롱도 하지만
카멜레온 빛색의 그 현란함이 제멋대로 놀 수는 없다
무지개 화음은 양 끝이 똑같은 높이에 있다
사랑은 마주 보는 얼굴과 함께 벌이는 역사인데
아무렇게나 주홍 글씨로 서툰 수작 붙인다

어떤 존재이든 본성에서 비롯한 욕망은 똑같이 갖고 있다
모두가 쾌락의 미묘한 길을 눈 감고 건너뛸 수는 없는 노릇이다
오르가즘을 만나려는 방랑은 삶에 긍정의 극치다
행복에 겨운 눈물이라면 상대를 두둔하는 답이 될까
약자 우선이라지만 저울 눈금 눈여겨보면
오히려 저쪽으로 푹 치우쳐 있다. 약자라니?
섣불리 토설하지 않을 뿐 기회가 닿는 곳 어디든
숨겨져 있는 또 다른 묘미를 찾기는 서로가 마찬가지다
인간사 모든 기록에 힘자랑은 전부 그쪽이 먼저였다
좋아서 하는 짓을 두고 어찌 숨은 박수로 편을 가를까

애련의 그 얼굴

아마도, 구겨진 뒷모습으로 버려진
나의 이야기는
여느 소설 속 주인공처럼 슬픈 눈망울로 다시 피었다

아마도, 이대로의 골 깊은 흔적 하나가 먼 훗날
그대 그림자 위에 한 잎 낙엽으로 흩날린다면
그때는 더 큰 슬픔으로
그대 가슴 깊숙이 멍울 맺힐까

기억도 추억도 안타까워 할 그때 그 얼굴
정말 변함없을까
아마도, 그래 지금은 모를 일이다

슬픔을 덕지덕지 붙이고서 애써 웃음이란 걸 빌려 쓰는 사내가 있다. 남을 해코지하고서도 피식거리며 돌아다닌다. 이미 나를 떠나버린 참모습을 되찾기란 기적 같은 일, 사람 됨됨이를 두고서 먼저 얼굴을 보라 했다. 그래, 너와 내가 한데 어울려 웃음 짓는 밝은 세상을 어찌 내 것이라 이름 짓겠나. 너를 향한 순정이 결국 슬픔이라면 잘못 계산된 것 아닌가. 억지 부리지 마라. 타락한 순간의 덫이 영영 풀리지 않고 더 깊이 조여들 것이다. 슬픔이란 비명으로 살기를 원한다면 어쩔 도리가 없다. 허무주의에서 벗어나지 않으려 앙탈하는 너를 보고 그 누구도 손 내밀지 않을 것이다. 세상은 어긋나게도 자꾸만 고질병적으로 뿌리를 내린다. 어쩔 텐가, 그 무엇 때문에 망가지려 안달하는가. 애련의 그 얼굴.

흉내 내기(봄비처럼)

슬픈 가을에 흘린 눈물이 이윽고 도착했다. 신열 앓이 몸으로 산등성 지나 젖은 옷에 밴 천근의 냄새, 누군가 적선할 요량으로 한두 번 다녀간 등걸에 숨겨둔 묘한 인연의 이야기가 눈을 떴다. 훌훌 벗어던진 나무들이 용케도 새 옷을 챙겨 입는다. 이별에 눈물로 적어둔 얼룩진 사연을 봄비가 읽어준다. 다시 내 곁으로 오라 하라.

꼭 한 번은 찍어두어야 할 증명사진처럼 내 마음 풍경 그림 울보가 아니었으면 좋겠다. 때 굳은 지붕을 빗질해 걷어낸 듯 줄행랑친 노숙자의 자리가 봄비에 씻겨 환하다. 이즈음 샛노란 눈빛이 와글와글한 담장에 웃음 헤픈 여인의 치맛자락도 노랗게 물들었다. 누군가 집적인 흔적일까.

아직도 익숙하지 않은 동물적 시간은 감추고 싶다. 이성을 흉내 내 보지만 이기적 유인원 행태에서 벗어나지 못했다. 이게 치명적 약점이랄까. 아직은 때 묻지 않은 시간이 더 많으니 참아 볼 일이다. 삶이 지나치게 단정하면 멋스러움을 **빼앗길** 테니까 그냥 젖어보고 싶다. 우산 없이 걷고 있는 저 여인의 곁을 차지하고서…

입동

별 마당이 싸리비로 쓸어내린 듯
별의 눈총이 까끌까끌 시리게 젖는다
은하수 강이 깊어 울음 멈춘 곳에
살얼음 거울에 투영된 못난 얼굴
마른 후박 잎 켜켜이 덮어주어야겠다

시베리아를 떠나와 그믐달 품에 안긴
기러기가 자분자분 몸 풀어 내린 이곳
가마솥 아궁이 불 지펴
너구리 잠자리 하나 곱게 살펴 주리라

뒤란 무청 시래기가 벌써
싸락눈 바람과 자리다툼에
몸 장단이 어수선하게 엉겨 붙는다
감춰둔 빨강 내복 뒤적 뒤적여 본다
어둠이 벌써 몇 걸음 더 앞서가고 있다

호미

또 자루가 **빠져버렸다**. 매번 투덜대지만 야문 땅과 마주친 야윈 내 손목이 장단 맞추기란 여간 쉽지 않다. 신품종 호미 하나면 해결될 것을 닳아빠진 것을 매번 다시 끼워 맞춘다고 짜증이다. 단단한 모과나무 자루와 한 몸이 된 인연 때문에 그렇다. 입만 자꾸 거칠어진다. 어디 인연을 팽개친다는 것이 쉬운 일인가. 그놈 역시 날 따라다니는 재미에 퍽이나 정겨운 얼굴을 하고 있다. **뺀질뺀질하다**.

어느 밤 느닷없이 들이닥친 그가 생뚱맞게 턱밑까지 올라와 고백이랍시고 대들 때는 식은땀이 흐른다. 왜 날 좋아한다는 건지 알 수 없다가도 어느 땐 별것 아니라고 돌아서 버린 착각에 뒤늦게 땅을 치고 있다. 왜들 세상일이 한쪽을 치우쳐 있다는 걸 인정하지 않는지 모를 일이다. 눈꼬리가 무척 많이 휘어져 버렸다. 그래도 초승달만큼 귀여운 밉상이 어디 또 있을까.

비련의 詩

시월의 마지막 밤에 진눈깨비가 터지고 있다. 가고 없는 사랑을 좇는 사내의 뒤뚱 걸음 따라 구름이 해를 이고 지나간 탓이다. 털이 홀라당 빠져버린 장 닭이 추임새 없는 박자에 까불고 있다. 잊어야 할 것에 잃어버린 기억이 몰려와 상투적인 인사말을 주르륵 쏟아낸다. 주-욱 횡선을 긋고 아랫돌 다시 고우며 칙칙한 냄새 그대로 받아낸다. 아무도 보이지 않는다

이따금 손 흔들어주던 그림자조차 끊기고 방랑자 되어 길을 헤맨다. 내 우울의 피난처에도 한 때 년연年이 분향이 타올랐건만 이제 헛바람뿐이다. 백지와의 투쟁이 일상이 되었지만 하소연할 곳도 없어 먼 이국을 쳐다본다. '먼로가 길을 잃었고 마돈나는 울음을 그칠 줄 모른다'. 영화榮華도 제 이름값 다하여 붉은 눈물에 젖어 떨어진 것이다.

한 생의 모든 적막이 목이 터져라 울어도 새하얀 벽은 흔들림도 없다. 다시 불을 켜보려 앙탈해도 손이 닿지 않는다. 강가로 나가 물새 한 마리 불러 앉혔다. 함께 지지배배 뒤섞여 모래톱에 나란히 '時'한 장 펼쳐보자 했건만 비장한 나의 목소리에도 물끄러미 물장구만치는 저 자유를 부러워만 해야 하나. 내 가난의 이상이 강 건너 솔숲을 흔들어도 메아리는 싫다는 표정이다. 최후라는 수단 하나

로 붉게 익은 마음 그대로 진눈깨비 위에 쓰고 싶다. 비참한 '詩' 이력에 붉은 글씨만 그득하게 쏟아내는 하얀 밤이다

바람의 詩

생태적 시각이 풍부해야 아름다운 서사를 풀어낼 수 있다. 眼안과적인 것은 물론 몸으로 받아 느끼는 다양성도 고차원적 눈 바로 오감이다. 우리는 꿈을 단지 몽유적 관점에서만 접근하려 하지만 그것 역시 일상에서 받아낸 체험적인 것을 근거로 한다. '생활 습관병' 같은 고질적 아픔도 마찬가지다. 사춘기에 충동적 발작이든 갱년기에 몸부림치는 에로틱 울음이든 모두가 시대가 부르는 바람의 마술이 거의 대부분이다. 삶과 죽음에 맞닥뜨린 거의 모든 강박이 우리를 아프게 한다. 먼 산을 바라보고만 있지 말고 당장 뛰어올라보자. 부딪쳐 맞바람을 잡아채야 해답을 얻는다. 이천 여개의 화산이 많기로 유명한 '칠레' 땅도 걸어가는 여행객에게는 자연이 값진 선물을 안긴다. 아직도 생명의 불을 내뿜는 '비야리카 활화산'은 몇 시간을 걸어 오르는 호기심 꾼들에게는 절대 그냥 돌려보내지 않는다고 한다. 불의 신은 가까운 곳에 지구상에서 가장 메마른 땅 '아타카마 소금사막'을 거느리며 야생동물과 인간이 공존하게 비 그늘을 마련해 주었다. 뜨거운 바람이 생명의 근원이다.

'모래와 돌, 소금' 모두 바람의 이야기를 품고 있다. 대자연의 서사가 그대로 녹아 있다. 21세기를 달리는 원동력 '리튬'이 어찌 그곳에 숨겨져 있었을까. 지구를 살리는 원초적 해법이 될 수도 있는 기적의 물질 리튬. 그러나 교활한 인간이 화석연료를 버리고 청정연료에 매달릴 수 있을 것인가? 아주 먼 수천 년 전 '이시바섬 페니키아인'이 소금을 만들어 사용한 가공할 지혜가 오늘 날 현실과 똑같다. 그런데 왜 개척자들은 무모한 학살과 파괴를 버젓이 과학문명이라고 우긴단 말인가. 그들이 토착민을 미개인이라 말하는 근거가 무엇인가? 총칼을 들었다고 문명인이 아니다. 어느 지역이건 그 땅의 주인인 토착원주민이 있었다. 그들 지혜의 눈은 늘 깜박인다. 대자연은 인류에게 흐르는 물과 불 그리고 바람을 선물 했다. 그들은 파괴보다 溶融용융을 선택한 것이다. 그것도 수천 년 전에 말이다. 그들이 발굴해낸 자연과의 상생은 살아있는 '실존적 철학'이다. 그들이 우리보다 훨씬 앞서 철학을 누리며 나름 건강한 생활을 했다. 문명인이여! 빙하가 감싸고 있는 불의 산에 올라 바람에게 물어보라. 그들 손짓이 보여주는 지구생명의 연장 비결을!

빗속의 산막

햇살 굴러 내리던 삼색양산 아래 숨어 잠시 열애의 가슴 식히는 소낙비 반긴다
둥근 몸매에 둘러친 탕아의 손끝은 한 시절 비켜나 온 격한 애무가 전부였다
비좁은 창을 젖히고 일어서는 눈동자엔 솔 향에 눈치 잡힌 수줍음이 더 진하다
풀밭 들어선 발자국에서 도시의 경적에 빼앗긴 웃음 다시 만날 수 있었다
동화 속 얘기 같은 연리의 정 아니어도 산막 적시는 매미의 울음은 가슴에 깊다
한낮의 어둠을 끌어당긴 긴 호흡의 숲은 절경이 따로 없다
곳곳에 누어 열애를 펼치는 그들만의 손뼉 장난은 전부가 예술의 비경이 된다
찌르레기 시샘 울음이 깊은 빗줄기 사이로 빠져나가면 낭만도 이제 긴 목을 편다
추억거리가 없다는 독신의 비애는 아무도 알은 체 않는다
평화의 숲 정원에 간지럼 몸살이 깊은 잠을 끌어당긴다, 결코 혼자가 아니다.

2부
아름다운 향기가 될 수 있다면

세상이 온통 제 잘난 빛깔로 시샘 뻐근한데
하얗게 뒤집어쓴 보배로운 탄성을
누구의 이름으로 불러 줄까요

장대비 속 풍경

세상 모든 어둠을 쥐어짜고 있다. 불빛마저 소리 없이 스러지고 바닥에 엎드린 이상까지 젖고 있다. 저 어둠의 빗속을 우산 없이 당당하게 맞서는 저 여인을 어찌할까. 젊음이 소리치지만 아무도 듣지 못했다. 흠씬 젖은 음부에 거웃까지 또렷하지만 아무도 저 여인을 욕하지 않는다. 삶에 기댄 모든 영화도 한갓 거품이다. 이를 앙물고 내리쏟는 빗줄기를 자해의 놀잇감으로 즐길 수 있는 저 여인의 현실 세계는 사뭇 비장하다. 울음으로 담금질하는 욕망의 무게는 오히려 가볍다. 포도알같이 구르는 빗방울이 오히려 정스럽다. 장엄한 노출의 시위는 비와 함께 여인의 이상을 활활 태우고 말 것이다. 열망은 그렇게 비속으로 익어들 것이다.

옆얼굴

지나친 옆모습을 보고 놀란 여인이 은근히 따라붙
었다
앙상한 가로수 등에 감추었던 책 보따리에서 꺼낸
사진 한 장
어떤 사내의 옆얼굴이다
은행나무 그늘에 은근 가려진 채
무엇엔가 표적 하나 넘겨준 듯
심장을 따갑게 찌르는 치욕 사랑

밤을 붙들고픈 용기의 고백에
웃음으로 답하는 창녀 같은 흥분의 화살
조직에서 증명사진을 스캔해 보내라는데
왜 고개는 자꾸만 옆으로 돌아서는지
'머그샷' 한 장면 같아 자꾸만 뜯어보게 한다
벌써 십여 년째 세상의 그늘을 피해 옆으로 걷고
있다
용케 알아차린 눈썰미는 예전같이 칼바람처럼 매섭다

주권 체면

편의를 위해 벌여놓은 창조가 오히려 자본의 노예가 되어버린 인간 세태에 고유의 가치는 소멸되고 있다. 만물의 생명을 등가로 보는 것은 비단 종교적인 철학 색깔만은 아닐 것이다. 생명체를 중심으로 하는 자연 순환은 그야말로 인간의 손길을 멀리하려 한다. 세계 경제는 경제학자들의 잘못된 통계와 해석으로 미래를 마음대로 재단해서 생겨난 가장 큰 재앙이다. 원래 '노벨경제학상'이란 건 없었다. 창조와 파멸은 한 구덩이에서 공생 한다.

기후 탓인가? 해마다 곡물, 채소 가격 폭등으로 우리의 토종식단에 시름을 끼얹는 사태가 행사처럼 벌어지는 판이다. 가까운 이웃에서 수입 물량으로 수급 조절하는 것으로 관련 부처는 안도의 한숨을 내쉬는지는 모르겠으나 갈수록 심화하는 것이 임시방편으로 땜질하는 게 영 언짢다. 조선의 양반 놀음과 쇄국정책으로 나라 꼴을 엉망으로 만든 아둔한 왕권 정치의 폐해가 아직도 이어지고 있다면 이건 망국론을 얘기하지 않을 수가 없다.

염치도 양심도 팽개치고 우선 살길부터 찾고 보자는 심보는 당연히 횡포에 버금하는 못난 짓이다. 행정 편의가 안락의자 흔들거리며 눈꼬리만 치켜올린다고 웃음이 흘러나오나. 나라 살림이 가정 살림과 같을 순 없겠지만 어느 누가 내일을 걱정하며 꼼꼼하게 챙긴 적이 있었던가 싶다. 높은 자리 꿰차고서 제 몸에 맞추기조차 버거운 자들이 명예욕에 빠져 보신으로 유랑 장난하느라 세월만 축내고 있다. 결국 둑은 무너지고 말 것이다. 누구 좋은 일 시키려고 저리 악을 풀어낼까?

작금 사회 곳곳에서 공익이란 명분을 내걸고는 하는 짓이 가관이다. 능력도 지략智略도 갖추지 못한 자들이 '무슨 장長' 자리 욕심에 높은 자리 차지하고선 하는 짓이 형평에 맞지도 않은 얕은 책략 수준으로 고집 피우는 행태가 아연실색이다. 제발 자신의 그릇부터 제대로 살펴본 후에 나서라. 대중 앞에서 뒤늦게 매무새 고치려 들면 본전도 못 건진다. 인생에 존재가치를 우뚝 세울 수 있는 철학 수준은 그 어떤 분야이건 똑같은 개념이 적용된다. 자신을 계량計量하는 것은 물질이 아니라 인격이다. 꽉 찬 그릇은 어떤 것으로도 쉽게 흔들 수 없다.

가을 빛깔의 동화童話

초록 세상을 벗어나 허리를 펴면 이따금 붉은 꽃을 만날 때가 있다. 나무와 꽃 사이에서도 우리가 함부로 펼쳐 든 검정 우산 때문에 그림자를 드리우게 한다. 초록과 빨강은 원색이지만 이렇게 맑고 투명한 빛에 누군가 손찌검해 얼룩으로 눈을 흐리게 할 때는 마음 흐트러진 곳에서 엉뚱한 소리가 튀어나온다. 가을 색은 단순명료하게 설명할 수 없는 깊이에 들어있다. 시간과 공간을 제 것처럼 휘돌리다가도 흠씬 정신이 들 때 하늘 우러러 진한 빛에 취하노라면 오색 사이사이로 내보이는 그 얼굴이야말로 감히 흉내 내기 어려운 천상의 기운이 서려 있음을 알게 한다.

이 세상에 내 것이라곤 없다고 생각했는데 그게 아니다. 제 몸뚱이에 걸맞은 빛깔 그건 모두가 감탄하는 가을 색이다. 우리는 그 흔한 사랑마저도 남의 것을 빌려 쓴다. 뒤바뀐 사랑 색 때문에 웃고 울며 다투다가 결국엔 버려진다. 색깔의 오남용 때문에 인간은 거칠어지고 끝내 흉터를 남긴다. 하나의 색깔로 채색하는 가을이란 이름이 더없이 아름다운 것은 모든 그림자를 그 속으로 끌어들여 한결같이 품어주는 너그러움 때문이다. 가을 색은 사랑을 깨우고 사람을 바꾸어버린다. 홀로이지 않은 시간을 잠시나마 붙들어 놓는다. 해프닝이 아니다. 자연도 인간도 '그로테스크'한 것이 절대 아니다.

지리산 칠선계곡의 가을을 담아 보려고 일주일을 고스란히 던진 적 있다. 문학에 앞서 '사진가'의 길로 들었던 청춘 시절 이야기다. 사계 중 가을이야말로 존재의 빛깔을 가장 심오하게 묻어나게 한다. 순간순간 변화무쌍한 대자연의 호흡을 따라잡기란 여간 부지런하고 지혜의 눈을 가지지 않고는 힘들다. 가을의 감성은 오히려 여성성을 보인다고 해야 한다. 섬세한 간지럼에 묻어 나오는 일탈을 예민하게 꼬드기지 않고는 잡아채기가 쉽지 않으니 말이다. 꽃분홍과 초록 몸매에 빠져 머뭇거리다가는 전부를 잃게 된다. 의외로 가을 병 앓는 여성들이 많다고 한다. 사색과 책이 잘 어울리는 계절이다. 모두가 시인이 될 수 있는 가을을 채집하자.

하중도의 빨강 자전거

노랑 발자국 하나 그물에 걸렸습니다. 반 백 년을 소리쳐도 대꾸 않더니 엊저녁 달 가림에 아뜩하니 그만 숨이 멎을 뻔했습니다. 문밖 지킴이 야시골 여우가 대명 천에 숨어들어 여기 하중도에서 옷을 벗었다는 풍문입니다.

국채보상공원 그 무렵 헌병부대 담벼락 철조망에 엉긴 개나리의 샛노란 물도 추억 배낭에서 뛰쳐나왔다네요. 질투 박이 팔공의 범종 소리도 부산을 떨며 바랑을 챙겨 총총히 유채 밭에 좌정하고 정기를 퍼트립니다. 뭇 추억을 손짓하던 나른한 봄이 금호강 그르메에 잠시 등을 붙인다는 것이 그만 청보리에 시샘 당해버렸어요.

슬픈 노래는 멀리멀리 흘러갔습니다. 눈과 귀를 닮은 사람들이 금호강에 모여들어 정녕 목청껏 소리치는 꽃 詩 자랑. 詩 노래에 입술 익은 여인들이 줄을 잇습니다.
황화 코스모스가 詩人의 빨강 자전거랑 자웅을 겨루는 여기는 공산의 도포 자락에 젖은 대자연의 뾰두라지 '금호강변 하중도'랍니다.

진정한 그 한마디 속삭임에

노래의 입술이 된서리 맞은 듯 풀 죽어 파르르 떨고 있다. 사람과 사람 사이에서 입버릇처럼 속살대는 그 한마디가 생존 경이의 욕망이라면 행복한 노예살이는 지금부터다. 지성보다 감성이 우위에 있을 때는 너와 나 행간의 거리가 비좁아 무척 좋았다. 아카시 가시에 찔린 아린 손끝에 베어 나온 한 방울 피의 놀람도 라일락 향이 세상 끝까지 번질 때면 어떤 고통의 슬픔도 아무렇지도 않았다. 생명의 진리에 발맞추며 살아가는 계절에 무분별한 통제는 아무런 의미도 없다. 더듬이 잘린 개미는 일행의 걸음을 전혀 생각하지 못해도 결코 길을 잃지 않는다.

말에도 깊이를 알 수 없는 숱한 주름 있어 엔간하면 그 한마디 묻어두면 행복이다. 거대한 울림도 여린 분홍빛 입술에서 시작됨을 알았다면 이쯤에서 슬픈 이별의 말은 끝마쳐야만 한다. 예스럽겠지만 바윗덩이 매단 침묵의 가르침이 황금처럼 빛나는 이야기 밤이 여기에 모여 있다. 존재의 이유와 행복의 가치가 하루의 욕망으론 부족하다는 현실에 위로와 격려를 보내오는 손짓을 마주 잡는다. 그 눈빛을 보고 덤벼드는 서툰 몸짓이 뜨거운 것도 전혀 어색하지 않다. 그 한마디 속삭임 때문에.

파도 타는 여인

청춘을 앗아간 비린 파도는 더 이상 폭풍우를 받아들이지 않는다.
그저 하얀 포말 위를 미끄러지는 여인의 몸에 허락한 욕망을 이해하는 일만 남았다
갈매기의 황홀한 비행에 실려 가는 낭만은 차갑기만 하다.
전부를 내주고도 끝끝내 안개를 피워 올릴 때 여인의 검은 피부에 남겨둔 글귀는 사뭇 비장함에 더해 조롱의 냄새가 난다.
'파도가 내 몸을 가장 잘 안다'

인디언이 망루에서 매의 눈으로 의식을 치르는 응원군이 되었다.
공포의 외침도 없이 새의 깃 활짝 펴 하늘 아래 모든 환상을 거두어 간다.
밤을 지나도 바다는 신음을 끊지 못한다. 왜냐구 묻는다.
주검의 비가 내리면 대양을 건너온 휘파람조차 은유의 바다를 시샘하는 듯 여인은 달아오른 몸은 몽돌 위를 구르며 욕망의 그네를 흔들고 있다.
육중한 삶은 거기까지다. 참 가치 없다.
핏빛 안개가 드리울 즈음 파도를 껴안고 몸부림치는 여인의 목소리에서 하얀 포말이 겹겹이 채색되는 바다는 순수한 욕망의 아우성으로 이정표를 남긴다.
바다는 아득하다, 아직도 몸을 풀고 있다.

시월의 바람

풍요의 바람, 맛의 바람이다. 가을 맛이 오롯이 담긴 색깔 있는 넉넉함에 어느 누구도 사례치지 못한다. 길고 여유롭게 기대어 바람의 소리, 맛에 젖노라면 나도 모르게 시월 깊숙이 들어 함께 익어간다. 그게 인생살이 참맛이다.

모난 놈도, 둥근 놈도 가슴에 담기는 것은 죄다 고개 떨치고 한 움큼씩 가을바람을 쥐게 내버려둔다. 거칠다고 하지만 그것이 필연이라면 굳이 뿌리칠 필요는 없다. 뜨거운 바람에 염증을 느끼고 그늘 찾아 헤매던 나약함도 이즈음엔 한껏 기운이 넘친다. 저 높은 언덕까지 뛰어 오르고 싶어진다. 새롭게 맞이한 이 계절은 들로 숲으로 익숙하게 찾아나선다. 눈요기, 몸 요기를 벗 삼아 삼삼오오 등짐 지고 바람의 냄새 따라 온몸을 맡긴다. 몸의 모든 창을 젖히고 무엇이건 반겨줄 태세다. 열린 곳으로 찾아드는 모든 진객을 맞이하기에 바쁜 계절이다. 밤은 또 어떤가.

잠을 잊고 그리움을 나눈다. 네 것이든, 내 것이든 그리움이 필요한 계절이다. 멀어진 추억 속의 사람이건 현실의 회색빛 이별이건 인연은 멀어져도 소중하다. 모두를 용서하는 계절이 아닌가. 오직 길들여진 야성 그대로 다시 거두어 가지자. 죽음의 반대편에 서 있는 모두를 불러 이야기를 풀어내자.

역시 바람의 이야기가 가장 진솔하다. 참된 눈빛 하나로 저 언덕을 넘어온 아찔한 푸념에 옷깃을 여민다. 넋두리에 감긴 시월의 바람에 일어선 나의 일기가 엄지를 치켜 올린다. 다시 한 편의 대서사시를 그려내자. 먼 훗날 이것마저 아름다운 향기가 될 수 있다면 -

살아남은 자유

국경의 밤을 훔쳐보다가 철망 찢고 새 세상으로 향하는 그와 마주쳤다. 비밀경찰의 의심을 덜기 위해 그와 동침한 듯 옷매무새까지 흐트리고 이유 모를 입맞춤으로 하나임을 어쭙잖게 자복해 버렸다. 어떻게든 살아남아야 후일을 도모할 수 있어 오늘 밤의 안전이 보장된다면 이보다 값진 선택은 없으리라고 숨을 거듭 몰아쉬었다.

밤은 어두울수록 좋다. 신기의 눈빛 하나만으로 어디든 찾아갈 수 있다. 지금 우리에 갇힌 양 떼는 서로 머리를 한 곳으로 맞대고서 웅성거림도 없이 고요를 지키고 있다. 촘촘히 둘러서서 울음으로 겁박하는 늑대 무리를 두고 발자국 냄새조차 거두어들인 채 등을 보이지 않으려 낮은 자세로 아침을 기다린다. 저만치 달려오는 새벽의 노래가 총소리 감춘 포수의 자세를 보았는지 멈칫한다. 이 순간 비무장지대를 건너뛰는 고라니는 그냥 보내주어야 한다. 지뢰밭을 얼씨구 뛰어다녀도 고라니는 절대 어둠을 깨트리는 법이 없다. 고라니와 지뢰는 하늘땅에 똑같은 천사다. 울림을 감춘다는 것은 그만큼 자유 향연의 마음이 맑다는 것이다.

전선은 중원이었다. 포화의 중심에서 비켜있어도 화약 냄새는 엄한 군율에 맞춰 기다림 없이도 쉬이 도래했다. 전령이 행랑을 매고 뛰어다녀도 소식은

늦다. 편을 갈라 지상에 커다란 덫을 두고 다투는 것은 어리석다. 결국은 자폭을 향하는 길임을 잘 안다. 세상을 향해 부르짖는 어떤 자유가 이 보다 거룩할까. 그와의 동침이 소문으로 터트리기 전 아침을 밝혀야 한다. 여명의 창을 활짝 열어야 한다. 모두의 가슴에 자유의 이름표를 달아야 한다. 분명 선택받은 자유만이 살아남았을 때의 일이다.

입하

저 꽃 웃음 지켜보며 무슨 생각 하는가요
세상이 온통 제 잘난 빛깔로 시샘 뻐근한데
하얗게 뒤집어쓴 보배로운 탄성을
누구의 이름으로 불러 줄까요
모처럼 해맑은 도시의 그늘 아래
한바탕 법석인 수다의 뒤풀이로
눈먼 가슴 풀어 내리는 청보리 바람 냄새
이제 그만 즐길 차례 아닌가요
초의 선사가 전해온 다향에 젖어보는
풍류는 넉넉한 여유의 진경 아니겠소

드높이 오르는
꾀꼬리 종달새가
소달구지 쟁기질 기운 돋구어주니
바로 느티의 계절 깊숙이 들은 게 실감 나네요
소복한 찔레꽃 동산에선
어머니 살 내음 담긴 적삼에서 봄 향 피어오르고
꽃 잔치 물려 세운 뽕나무 언덕엔
빨강 입술 깨문 과수의 옷고름 헤진 끄트머리에
노을마저 다리 뻗는 바쁜 여름날의 걸음

앗차, 그 생각

"얼굴은 거울로 보지만 속마음은 술로 본다"라는 옛말
아직도 철이 없어 셈을 꼽는 걸음이 낯설다. 보일락 말락 그렇다고 숨길 수도 없지만 억지로 티를 낼 필요도 없으니 내 자리는 늘 비어 있다. 언젠가 부딪쳐야 할 미움인데 마냥 싫다고 칭얼댈 수만은 없지 않나. 내 가슴께로 다가왔다가 저만치 멀어져 간 사람아, 상처에 흉터로만 기억해도 다행이다. 늘 혼자라고 투정하다가도 막상 눈을 뜨면 내 곁에서 무어라고 종알종알하던 사람아, 이제 더 이상 철없는 말벗이 아니길 바란다. 아직도 그리움이란 긴 인연의 끈을 놓지 않고 있으니 말이다. 값싼 고무줄도 아니 그렇다고 질긴 금 사슬도 아닌 것을 매듭 없이 지니고 다닌 사람아, 정녕 이맘때 마음 그대로 언제까지나 깍지 끼고 있을는지. 막상 하루 해가 지루하다가도 고개 들어 멀리 창밖 걸어오는 노을빛을 내다보면 눈물 고인다. 미련도 후회도 아니라면서 왜 그토록 허무를 뒤집어쓰려 안달인지 모를 일이다.

회향回向

인류가 아프리카에서 시작되었다면 그곳이 아직 황무지인 것이 이해가 된다, 초자연적 현실을 비켜선 채 아직도 태초의 흉상으로 버티고 있다는 그것만으로 대답은 충분하다, 헐벗은 채 굶주림조차 피할 수 없다면 싸워야 한다, 내 것 네 것 구분 지을 필요 없이 시시각각 몰려오는 힘 그대로 풀어내면 병정의 수는 늘어나 우세를 장담할 수가 있다는 기본 전술이다, 전쟁은 인간이 신에게 도전한 첫 번째 배신이다, 그러나 태양도 별빛도 아직은 제 빛깔을 유지하고 있으니 참 다행이다, 사바나의 이름값을 고스란히 하고 있다,

얼마 전 잔칫상에서 눈여겨본 횟감이나 육회는 아주 값싼 하등품이 분명해 보였다, 이곳에선 버려진 것이 자본이어야 손익계산이 빛을 발한다, 눈치도 혀끝에 매달고 보면 일순 맛을 당겨볼 수가 있다, 인성이 얕잡힌 상술에 빌붙어 몰염치해졌으니 조금은 건방지다, 뻐근한 상을 물리고 미리 챙겨둔 염소탕 진액 얘기가 그냥 진국이었다, 초원의 바위동산에서 멋 부리던 흑염소가 응집된 자연을 노을에 적신 것일까, 육십갑자 '회향'을 벗어나 긴긴 영혼까지 깔끔하게 챙기고자 부지런 떨며 함께 소일하는 반려자의 회춘 미소가 길어진 해를 따라 간다, 금방 되돌아올 것이다.

참극

차가운 공기는 비단 북서 계절풍 탓만은 아니다. 그토록 먼 곳에서 날아오르려면 딱한 사정 눈치껏 참아내며 안착하기란 결코 쉽지 않았을 것이다. 기러기도 청둥오리도 또 흰머리수리도 같은 입장 아닐까 싶다. 지혜는 보고 배우는 게 아니다. 그런데 왜 새처럼 자꾸만 높은 자리에 오르려 할까? 무안에서 12. 29. 김해에서 01. 28. 연이은 참극이 웬 말인가. 미국 로널드 레이건 공항에서 '여객기와 블랙호크 헬기'의 추돌사고 01. 31.은 차가운 포토맥 강바람까지 덩달아 심장을 멎게 했다. 자꾸만 높이 오르려는 탐욕의 난맥상이다. 또한 이런 비극은 돋음 발 뛰기 연습을 게을리 한 결과다.

북극해의 유빙이 심상치 않다. 그린란드 겨울을 걱정한 것이 어제오늘 얘기는 아니다. 예사롭지 않은 지구 뒤틀림에 찬바람이 목을 감는다. 따스한 손길 뿌리친 것이 무척이나 후회막급이다. 인간의 탐험 중독이 가져온 불치병이 '무분별한 도전'이다. 세상 경험치로 읽어보면 맘먹은 대로 거두어지는 게 아니었다. 그 찬란한 지구촌에 꽃불 켜는 크리스마스는 본디 종교 잔치가 아니었다. 묘하게 인간의 못난 심성을 교묘히 이용한 것이 축제로 변질, 승화된 것 아닌가. 명분이야 만들면 된다. 이렇듯 북풍이 매서운 것인 줄 진즉에 알았다면 일상의 경계도 엄중했어야 한다. 곧 불어닥칠 이념의 쓰나미를 애써 외면하는 것 역시 위험천만한 참극을 모르쇠로 피해 가려는 속셈일까? 곳곳에 파고들어 암약하고 있는 이념 모리배들 말이다.

생각의 차이

계절의 회전문은 자전축을 붙들고 잘도 돌아간다. 노란 모자를 비껴쓰고 깨어난 여린 꿈이 어리둥절한 박자 건너뛰면 새들은 창공으로 노래를 풀어 길을 열어 보인다. 아무것도 없는 허허한 겨울 허공을 떠돌던 만세 외침이 때 아닌 비바람 광기에 그만 묻혀버렸다. 마을을 통째 쓸어가는 패륜의 물줄기를 타고 승천하는 미꾸라지 자연의 역사 탐구는 영원히 풀지 못할 숙제로 남겨두었다. 감성이 디딤돌 하나 건널 때마다 인간의 동작은 위태롭기 그지없다.

역사는 신이 만든 것이 아니다. 신의 역사 대부분은 아직도 어둠에 갇혀있다. 몸이 생각 그대로 잘 따르지를 않는다. 시차가 점점 더 크게 벌어진다. 인간의 지능지수를 일백을 기준으로 대비해 풀어내 보자. 신화 속 이야기처럼 인간의 뇌는 늘 절박해야 답을 찾아낸다. 내가 남보다 앞서고 싶은데 도대체 할 줄 아는 게 별로 없다. 작은 꿈틀거림도 없다면 어찌하나? 무엇이든 크고 작은 욕망에 따라 행동하는 것인데 죽고 싶다고 또 죽어버리면 그 다음은 어떻게 되는 것일까? 조심해야 한다. 인생 이야기는 뜨거운 심장 가까이부터 묵혀있던 술래를 찾아내는 것이다. 생각의 차이가 가장 심오한 생활 철학의 바탕에 있다. 구름 속 물방울 같이 응결된 고차원적 부르짖음이 분명 있을 것이다. 내 것은 그냥 버려두고 남의 것만 힐끗거리니 한 발짝도 나아가지 못 한다. 지구는 둥글다.

작약 꽃무리

오월이면 네가 최고라고 추켜세우는 건 당연하다
붉은 입술 열어 보이며 무언가 한마디 해줄 것만 같다
잦은 비에 자꾸만 낮아지는 하늘 천정을 두고
시비는커녕 한껏 정을 풀어 꼿꼿이 떠받치고 있다
구석구석 이웃은 저마다 분단장에 부산떨어도
풍만한 가슴 그대로 벅찬 희열을 침묵으로 응시할 뿐

한 줄 詩로 다가서서 추파를 건네 볼까
생을 고스란히 어둠 밝히려 안간힘 쓴다
아마 흰나비였을 꺼다, 그 연민의 자리
수많은 이름들 집적여도 버려진 연두 빛은 기억에 없다
저 싱싱한 오월의 불꽃 피워 뭇 여인의 가슴 태운다
내일의 기약이야 여름강을 건너보아야 알 일

추파에 추태를 모르는 고고한 자태 그 자리에 두고 산다
뿌리를 헤집어 근본을 물어도 여기는 집성촌 이름 터
그 어떤 채근의 꼬드김도 소용없다
볼썽사나운 몸짓 부려도 색녀의 밤은 일찍이 멀어졌다
오가는 행인도 없어 마냥 즐겁게 찾아오는 그대
또 누군가를 위해 소복한 채 곁눈질만 자욱하니 펴낸다

삼 월, 정경을 품다

분단장하고 서성대는 여심이 봄 문을 먼저 열어젖힌다. 목덜미에 진주 방울 흔드는 심술에 꽃눈들 고개 돌려도 누가 누구를 부르는지 알 수가 없다. 아직 거동 못하는 저 여린 허리춤을 누가 꺾을까. 수양 벚의 순정 간질이는 저 심술은 또 무엇인가. 이팝나무 그늘 끄트머리에 겨우 운신한 남천의 붉은 씨알들이 용케도 겨울나기에 눈빛이 더 붉다. 칼바람 쌩쌩 흔들던 밤을 지나고선 봄이 어떻게 여기까지 왔는지를 알게 되었다. 절교의 마음 풀어 내리려 한다.

못난 행색이 우울을 먼저 집적거렸다. 너 아니고는 이 봄을 알아차려 맘껏 희롱 장단에 웃을 일 없지 않겠나. 저무는 노을이 황홀해 하루가 행복하듯 엄동 칼바람 덕에 봄을 유난히 반길 수 있다하니 마음 푸노라. 봄바람 너도 지친 몸 누이려 고개 숙이는구나. 삼월의 볕이 점점 더 깊이 익어든다. 굳이 널 부르지 않아도 이젠 혼자서 저 들길을 달려볼 일이다. 미치도록 부르고픈 계절 한복판으로 심술과 불평 모두를 숨겨버려야겠다. 찬란한 봄 한가운데는 춘분이 도사리고 있다. 네 이름값에 소곤소곤 속닥이는 봄의 정경을 풀어내고 싶다. 물결도 데운 몸으로 멈칫거린다. 두 가슴에서 풍겨나는 풋내가 향긋하다.

3부
우연히 스친 따스함

알게 모르게 흔들렸어도
이상理想의 자리에 그대로 남아있는
나의 베아트리체

가시랭이

인간은 굴욕적이고 비판적인 곳에서 곧장 음악이나 철학을 동원하여 입막음한다. 그러나 모든 사물의 힘은 본래 지닌 가치대로 누리는 것이지 상대적인 것이 아니다. 재즈나 팝 음악은 정신적으로 힘들 때 잠시 유용한 것이고 행진곡 협주곡이 날개를 펼 때는 진정과 낭만의 흥이 함께 불가사의를 일으키기도 한다. 마음이 내키지 않을 때 억지 음악은 오히려 공해로 소음에 가깝다. 삶의 가치를 우울과 흥분의 이중 잣대로만 펼 수 없으니까 한번 해 보는 소리다.

"경력이 오래된 의사군에서 외려 환자 사망률이 더 높다"는 연구가 있다. 스스로 반란을 자초하는 행동 결과다. 기득권의 오만과 타성이 부르는 참사일 것이다. 왜 그들이 밥그릇 챙기기에 혈안일까. 운동 부족이다. 마음 훈련을 전혀 하지 않고 양지에 쪼그리고 앉아 입맛 당기는 것만 골라 먹은 결과다. 조그만 '가시랭이'에도 견디지 못하는 나약한 존재가 어찌 남의 심장을 꺼낸단 말인가.

노래는 마음속 풍경을 가장 아름답게 풀어내어 흥얼거리는 것이다. 이 값진 마음 읽기는 지구촌 모든 인종을 초월하여 사랑받는다. 그 자체가 베풂이니 굳이 달리 끼어들어 설명할 필요가 없다. 아픔을 치유하는데 이런 명약이 없다. 환자를 상품 취

급하는 일부 편협한 사고의 못된 상술에 비견할 바 아니다. 지구촌 어디에나 치료의 기술은 널려 있지만 유독 이곳에 모여 어깨 받이로 힘자랑하는데 정녕 맨발의 투사는 보이지 않는다. 가시랭이 밭에 아무도 발을 내딛지 못하는 어두운 구석이 이곳이다. 이런 추태를 두고 제 가슴에 청진기를 두드리는 자가 없다니 씁쓸하다.

벗은 몸이 더 뜨겁다

왜 나무는 벗은 몸으로 겨울나기를 할까. 나무도 한 시절만큼은 고요를 깃들이고 싶을 것이다. 날선 바람에 부대껴 찢긴 상처를 동여매고 단단하게 안팎으로 감싼 영혼에 빗장 하나 채우는 일이다. 울안으로 뚜렷한 경계를 세우는 것 역시 시간의 깊이를 알기 때문이다. 대자연의 숨결은 서쪽에서 밀려온다. 강과 바다를 지나며 물결도 소리도 없이 숨어들어 긴 끈 하나를 풀어 놓는다. 그것이 먼 훗날 떨림의 파동으로 매듭을 풀어 나무의 시간임을 속삭여줄 것이다. 얼마나 뜨거운 열애의 시간이었는지를 증명하는 웅변이 될 것이다.

바람의 일생은 기록으로 남겨진 게 없다. 시작과 끝점을 본 사람이 없기 때문이다. 바람은 많은 이름을 가졌지만 모두가 그 향기와 기교에만 흥분한다. 그러나 나무는 숱한 바람의 벗은 몸을 보았기에 조용히 그를 반겨 안아주었다. 훗날 제 몸의 그루터기를 통해 느긋하게 이름을 알려준다. 시간에 잠긴 바람의 속마음을. 길고 어둔 길에서 만난 많은 과객의 눈동자를 풀어내어 뜨겁게 데운 뒤 문신의 흔적으로 대답을 대신 한다. 순정을 껴안고 폭력을 달래주고 비운의 마지막을 토닥이며 제 몸 안으로 숨겨주기도 하지 않던가. 동심원 굴레 속에는 무수한 생명의 노래가 깃들여 있다. 그래서 더 뜨겁다.

한때 빛의 예술에 감탄하여 누드 촬영대회에 도전한 경험이 여러 번 있다. 빛이 내리면 그림자를 당겨 세우고 벗은 몸으로 한껏 허공을 차오르는 나신의 형상. 그것 역시 가장 뜨거운 순간이다. 몸이 익을 대로 익어 화려한 부활을 대신 말할 때 셔터의 호흡은 빨라진다. 차가운 날씨에 하얗게 김이 서린 렌즈에 올라앉은 나신은 가장 처절한 미소로 뭇 시선 따라 빛을 발산한다. 이 순간을 놓쳐버리면 환상의 선율은 금방 사라지고 만다. 모든 용기는 가장 뜨거운 순간에 벼락같이 일어나는 것이다. 나무의 깊이도 바람의 이름도 또 누드 여인의 한순간 품새도 전부 똑같다. 깊은 호흡에서 배어 나오는 용맹이 가장 뜨거운 행복이다.

동백 바다의 아침

늘 푸른 물결 비켜 꽃비 내린다. 저 육중한 몸이 아직도 철부지 행색에 어눌하다. 무언가 모자라서 고개를 내젓는 것인데 아무도 안 채 않는다. 지심도를 맴돌던 고깃배가 어젯밤에 들른 포구에는 아직 사방에 핏빛 비린 냄새가 진동한다. 누구의 울음인가. 바다의 가슴을 헤집은 저 남루한 옆구리를 보아라. 언젠가는 부활할 것이라는 믿음이 있기에 지금껏 고개 숙인 채 얌전을 빼고 있다. 벌써 팔십 년째다.

찬바람 세파에도 끄덕 않고 그대 뱃고동 소리 잊지 않고 망부석처럼 꼿꼿이 제 자리 지키고 있다. 그가 누구인지 묻지를 마라. 막 잠을 깬 자유의 밤이 얼굴 붉히면 네 앞에 무릎 고운 그의 가슴에서 꽃물이 배어 나올 것이다. 그에게 다가가 안겨라. 저 바다를 위해 깃발 흔들며 늘 동백의 아침을 환영했었다. 용광로처럼 뜨거운 열기로 삭인 참회의 시간들. 붉디붉은 젖망아리에 올라붙은 서리 눈이 증언한다. 벌써 봄볕 소란스럽다. 동백 눈빛 닮은 찬란한 아침이다. 엄동을 굳건히 이겨낸 반도의 피렌체가 환한 웃음으로 반기는 지심도의 동백 바다다.

농촌 풍경

가난한 겨울이 옹기종기 모여 앉아 고행 중이다
바람이 쎈 들판으로 뜀뛰는 고라니 따라
저세상으로 가버린 고요가
뒤늦게 찾아와 사방을 들쑤시고 다닌다
겨울 초록이 사라져 더 춥다면서,

옛 보리밭 두렁에 걸터앉은 빈 집들이
하나둘 비겁하게 쓰러지고 있다
낯선 동네 기웃하던 낡은 도둑이
옛이야기 전부를 가져가 버렸다
사랑방 대청보다 값비싼 헛간을
용케도 송두리째 싣고 가 버렸다

청보리 새싹이 대문 밖까지 줄눈을 틔어
묵정밭을 옮겨놓은 듯 봄 길이 어수선하다
쫓겨난 개들이 신작로 건너 정류장에서
쇠풀 뜯으며 어기적거리고 있지만
봇짐 내리던 할멈은 도무지 만날 길이 없다

가을장마와 노랑 우산

생김새가 제각각인 살찐 웃음에 젖은 바람이 집적이면
하나같이 노랑 우산 펴 든다
입추를 지나 처서로 가는 들판에 도리깨질 바쁜데
지친 초록을 달래주는 듯
생의 후렴 안고 가는 여인의 매무새는 가을이 아니다
수양버들 긴 머릿결이 푸석하니 코끝도 까실까실하다
막걸리에 안주 적시는 노랑 눈들이
고래 적 이야기가 무슨 자랑거리라고 숨질 가쁘게
설친다
짓밟힌 은행 알갱이가 제 몸 비린 맛에 입술 훔칠 때
누런 이빨의 사내는 젖은 여인의 노랑 속옷을 눈에
잠근다
받쳐 든 우산이 한꺼번에 하늘로 떠오른다
비의 길 되돌아가는 주정꾼의 옛사랑이
황혼이 묻히는 하늘가에 긴 울음으로 비를 따라가
고 있다
장맛비 우산은 가을 색이 무어라 말했는지 아직 대
답이 없다
배부른 노랑나비는 벌써 잠자리에 들어가 버렸다
서로 닮은 빛깔에 잘 어울리는 계절이니 모두 함께
우산 받쳐 들자

꽃 사과나무

콕 꼬집지 않아도 감동의 전율이 고스란히 전해오는
눈빛의 그 사람
귓속말로 다가와 슬픈 인연마저 두 손으로 받아 안기는
낯익은 그 사람
우주 모든 별들이 은하를 건널 때까지 하염없이 기다리는
손짓의 그 사람

늘 웃음 머금은 입술에서 무언가 솔깃한 한마디 들려주려 그리움이 깊은 창을 젖힌다. 이제 그루터기로 남아버린 오랜 시간에 털썩 주저앉아 그 사람을 불러도 아무런 대답이 없다. 길을 잃어버려 붙박이가 된 정을 굳이 내 것이라 고집할 이유를 모른다. 설핏 기억에서 깨어난 저 침묵의 손사래가 여기까진 오지 않을게 분명하다. 열매 맺지 못한 사랑 노래가 색안경에 그늘 지우는 세상의 모든 붉은 얼굴.

립스틱이 맛나요!

강한 이유가 분명 있다
돌아앉아 늘 입술 훔치는 버릇
도톰하거나 야윈 흔적 위에 여린 숨결로 꼬드기는 유희
마법의 창이 열리고 눈길 홀리는 순간마다 떨리는 함성은 늘 승전보로 들려왔다
버림받은 자와 비교해 보면 살아남은 데는 분명한 이유가 엿 보인다
사막의 모래펄에서도 뒤처지지 않은 굳건한 그 모습은 모성애 아니던가
일평생 경작한 그 자리에 아무런 흔적 남김없이 마냥 기름진 유분이 흐르고 있다
숱한 발자국의 기억 그것이 누구의 것인지 알 필요는 없다
생명의 언어를 배운 뒤부터 쪽쪽 빨아먹은 립스틱이 1.8kg이라는 공통 분모를 가지고 유혹의 첨병으로 세운 결과다
색깔이 분명치 않은 것은 가슴에 감춰진 비밀의 번호가 다르기 때문이다
그러나 결과는 언제나 하나의 정답으로 귀결된다는 사실,
불빛이 사라져도 빛나는 사랑의 둔덕
그곳엔 무지개터널이 오래도록 숨겨져 있다

비의 마음

흰나비 한 마리 앞산 치마 걷어 올리고
한때 매달리던 친구였다가
연인으로 진한 율동 불렀던 그때같이
아직은 낯설지 않은 그대라 부른다

딱 사흘 밤낮 곁에 있으라
너의 벗 바람은 남겨두고 혼자만 오거라
단둘이서 마음 적셔주는 오늘 밤이면 어떨까
잊혀 질 너를 내 안에 두고 싶다
부둥켜안고 뒹굴어도 어느새 말라버리는
그래서 내 가슴께로 다시 적시고 싶어
오늘 밤은 동침으로 여명을 맞으리

저 바다로 걸어가 버린 너를 부르지만
온통 외면해 버린 세상의 모든 주름살이
나에게로 다가오니, 이미 와 버렸으니
여보시게
행복한 밤 이야기로 너와 젖고 싶어
언제나 젖은 네 가슴을 기억하고 있으리

변절變節한 추억

만남의 절경이 고함이라면 우린 짝퉁이 아니다
꽃이 여인의 전유물 아니듯
한순간의 추억을 꼭 나누어가질 이유는 모른다
차라리 길을 끊어 버리자
날개 풀어 창공으로 내닫는 독수리 허리에
우리 노래의 후렴에 걸맞은 소원을 매달자
다가서지 못해 손뼉 없는 너와 나의 등 같이
소금 짐 내려놓은 나귀의 등은 그냥 시리다

청산의 촉수에 무당벌레의 눈먼 걸음이 잡혔다
여인의 가슴은 아직 콩닥콩닥 숨질 가쁜데
소문의 봉투를 든 집배원이 연이어
초인종을 누르지만 대답이 없다
굳세지 못한 행복을 화병에 꽂고 돌아앉은 여인
아무도 모르는 야멸친 유희에 파도 소리뿐
그래 과연 그날로 한 번 뿐이었을까
짝퉁이 대세인 지금 사랑을 추억으로 품지 않는다

봄 강을 건너가면

얼음 강을 태우는 손끝에서 고드름이 툭툭 끊긴다
몇 남은 감잎의 흉터가 겨울비에 자리를 빼앗긴 탓에 이른 눈을 떴다
눈치 빠른 바람이 포말을 불러 기지개로 앞서 찾아왔다
벼랑의 독수리는 길을 잃지 않으려 제자리에서 돋음 발로 뜀을 뛰자
골짜기 산사의 강아지가 독경에 고은 턱을 풀고 댓돌에 내려선다
시작과 끝은 언제나 하나
노을은 서편에서만 익는 것이 아니다
오가는 길에 맨 처음 마주한 사람이 그대의 의인임을 귀히 삼으라
오늘 하루가 소중하듯 또한 내 삶의 마지막 기회임을 놓치지 말자
너와 내가 우연히 스친 따스함이 겨울비가 건넨 새 날의 이정표였다
그 고귀함에 고개 숙이고 절대 흔들리지는 말자
인생은 늘 홀로 피어있는 들길의 야생화 같은 인연이다
유혹의 봄 강이 가장 아름다운 것은 벗은 몸 그대로의 향기 때문이다
인연도 잠깐 이별의 강을 건너면 또 어느 가슴에 매달릴까
봄바람에 흔들리는 저 수양버들에 물어보자

가을 소리

이 슬바람 간지럼이 아침을 불러들였다. 애처롭게 매달려 곡예의 춤 차지하고는 세상에 하나밖에 없다는 그 이름 품어주곤 사라졌다. 차라리 그 얼굴 보지를 말았어야 했다. 미소가 아름다운 건 몸 씨름할 때 얘기다. 한바탕 호들갑에 환상이 날아가 버리면 세상은 다시 어둠 차지다. 후회도 일종의 핑계다.

빨간 이끼 꽃 송곳니에 피운 게 결정적으로 실연의 증거로 채택되었다. 겸연쩍은 눈 흘김에 애써 모른 척 가을을 깊숙이 끼워 넣는다. 스치는 코스모스 춤사위 정도야 굳이 인연이라 할라치면 조금 부족한 듯해도 소문에 감당할 수 있다.

결국 소리의 귀향이다. 서릿발 울음 찾아 새벽녘까지 가보자. 귀 기울여 속닥임에 젖어 들면 모든 마음의 창이 열린 것을 알 수가 있다. 어느 것 하나 부족함 없이 모두가 익어버린 몸으로 자북하게 받아들이는 소리의 가을을 껴안는 행복이다. 가을밤 소야곡이 밤하늘 변심을 붙들 것이다. 별 눈이 깜박거린다. 외쳐보자.

망자의 화원에서

도시를 떠난 기억들이 전부 모였는데 무척 조용하다. 우열의 가치가 규격화되어 한껏 빛난다. 흐트러진 삶이 비로소 제자리를 차지한 결실의 정원이다. 모두가 양지뜸에 올라앉아 무심히 지켜낸 시간을 뒤로 하고 무표정한 출행에 엄숙하게 분단장하고 있다. 북향으로 고개 돌리지 않아도 더 높은 곳을 오르지 못해도 여기쯤에서 득도의 가르침에 주저 없이 무릎 고운다. 절대 흔들리지 않는 침묵에 욕망을 끌어당기지 않아도 괴로워할 필요가 없다. 존재의 부재 바로 그 자리다.

영원이란 억지 주장도 투정일 뿐이다. 신을 숭배한 비밀의 방에서 모든 기쁨과 슬픔을 합장으로 대가를 치렀다. 단 한 번 피 흘린 꽃봉오리에서 뜨겁게 피어난 꽃, 영영 눈을 감지 못하는 잉여의 시간, 낯선 천사의 옷자락이 무 소신에 떠밀려 지상에서 검은 휘장으로 덮힌다. 이승을 버리고 전생을 뒤쫓아 가는 허무의 종소리가 긴 여운을 달빛 속으로 걸음 옮긴다. 차마 마지막이란 말을 남길 수 없어 뒷걸음친다. 꽃밭에서 눈을 뗄 수가 없다. 혹시, 계산이 잘못된 것인지도 모를 일이다.

봉인

어느 날 국경의 강을 건너버린 군번 하나
포화를 등에 짊어지고도 걸음은 가볍다
무참히 살육당한 저마다의 자유 이름을
어느 묘비에서도 찾을 수가 없다
침묵의 힘으로 줄기차게 뻗어나가는
이 시대의 배짱을 정의라고 명명해 버렸다

아득하니 울음 속에 무너지는 자유 이념을
광장으로 불러 모으고서 토혈한다
깃발을 내리는 것이 가장 큰 평화라지만
빼앗긴 이름 석 자에 그늘을 덮는 일이다
아무도 지켜주지 않은 영혼의 잠 위에
피의 함성을 적시는 자유의 심장은 뜨겁다

잃어버린 깃발 찾으려 정상을 향한 걸음들
다시는 돌아오지 못한 비련의 주인공
삼백예순날 비켜선 채 무표정으로
오독하니 비에 젖는 열사의 그 얼굴, 아직도,

첫사랑

어처구니없게도 돌부리에 걸려 넘어졌는데 꽃밭이다. 로즈마리 향이 질펀하게 피어나고 나직이 솜털 간지럼에 물결 살랑였다. 그 겨울은 무척 따스했고 이듬해 봄볕까지도 더없이 화사했다. 입영열차를 탈 때, 기적소리가 끊길 때까지 그 뜨거움은 살아있었다. 그러나 눈에서 멀어진 이쁨은 점점 철갑을 두른 듯 차가워만 갔고 한탄강 머루 한 줌마저 이빨 시린 서러움으로 변해갔다. 결국 메말라가는 가슴으로 흐르는 여름비조차 그렇게 익어가던 낭만을 송두리째 씻어 내리고는 아무런 말이 없었다.

첫사랑이란 제 몸에 걸친 낯선 매무새일 뿐 맞춤같이 착 달라붙는 것이 결코 아니었다. 마음 구석구석 자리한 풋내음의 흥취는 멀어져가는 봄꽃 향처럼 여운만이 길게 이어졌다. 하나를 가르쳐주면서 받아내는 수고의 대가는 무척 무거웠다. 결코 값싼 흥정의 거래 물이 아니어도 그 가치를 알기까지는 힘에 겨운 것이 분명했다. 병영에서 맞이한 숱한 위문편지 속 소녀의 풋풋한 손길이 또 다른 시작이 되어 그렇게 사랑은 이어지고 익어가는 것이라며 계절 인연의 끈을 매듭으로 꾸며 주었다. 살아있는 생명의 가치를 더 없이 고마워하는 선물임이 틀림없다. 결코 지울 수도, 지워서도 안 되는 시간의 궤적, 첫사랑이란 굳은살.

꽃바람 시샘

바람이 사라졌다. 어둠이 쓸어간 것이다. 모든 생명은 제풀에 지쳐 그만 숨을 멎는다. 시절은 통증이 대세다. 아물지 않는 시간의 틈새에서 너도나도 몸부림이다. 꽃바람을 대뜸 봄이라 부르지 마라. 겨울 속에서 시작하는 피한避寒이다. 소한의 매화 바람부터 곡우의 연화 바람까지 닷새에 한 번씩 곡예를 펼친다. 집적거리는 상춘을 만끽할 때까지 봄은 바람의 시샘으로 단련된 길 위에서 일정 매우 규칙적으로 춤의 너울을 일렁인다.

봄은 바람과 시샘을 나누는 계절이다. 제 모습이 또렷하게 나타날 때까지 투기심을 던지며 매섭게 매달린다. 그래도 꽃은 피어난다. 꽃이 생경한 것이 아니다. 어쩌면 그것마저 바람의 일인지도 모른다. 꽃바람이다. 우리는 그 바람과 어울려 삶을 이어가며 '친화적 꽃'이 되고 싶었던 것이다. '사람도 꽃'이라는 말 그게 정당하려면 그대가 바람이어야 한다.

태열胎熱

백옥 같다느니 우윳빛이라느니 하는 말은 괜스레 설레발치는 게 절대 아니다.
누군가 집적였던 울음이 꼭 아파서 경계를 부르는 신호는 더욱 아니다.
사랑도 서툴고 엄마의 얼굴도 채 익히지 못했기에 한 뼘 서둘러 가까이 붙들고픈 여린 숨결의 돋움질인 것.
바람마저 외면해야 하는 침묵의 방에 어이 홀로 시간을 잠재우리.
낯설고 신비로운 세상 불빛은 홍련이 더 깊이 뿌리내려 절정의 꽃을 피우려 안간힘 쓰는 천 갈래 몸짓이 그려낸 꽃불일 것.
발버둥 치려 해도 꽁꽁 묶인 체 그대로 내 안의 얼굴 내밀어 한 걸음 더 가까이 껴안아 보고픈 기적 같은 탄생의 메아리인 것.
그래도 모두 함께 어울려 숭고한 만남의 기억을 역사로 환영해 주기에 한결 가벼이 안아보는 첫사랑이라 부르고 파.
채은綵殷이의 아름다운 세상을 위하여
향기의 아침, 모두가 행복한 박수 한 아름 건넨다.

비보호 좌회전

그녀는 왼쪽 젖가슴이 도드라진 게 오른쪽보다 크다
이따금 만날 때면 왼쪽으로 잘 눕는다
사랑에 매달리는 여인들의 공통점이란 걸
뒤늦게 알고서 흠칫했다
왼쪽 심장의 열망을 눈치 못 챈 아둔함 탓이 크다

비보호 ``` 참 슬기로운 충동질이다
매번 흔들리는 시간 다잡으려 차에 오르면
그녀는 핸들을 곧잘 좌로 감아 돌리는데
따라가 보면 언제나 즐거운 놀이터가 즐비한 곳이다
비보호 ``` 너그러운 함정이다, 고슴도치 딜레마다

철학 탐험

신대륙, 신천지란 이름 함부로 갖다 붙이는 게 아닙니다. 굳이 미개척지를 찾아다니면서 그것을 탐험이라 함은 멀쩡한 토착민을 밀쳐내고 마치 조상 덕에 차지한 것처럼 억지 부리는 꼴 같아 입맛이 칼칼해진다. 사실대로 말하면 믿고 맡긴 것인데 자꾸 후벼 파서 다른 색깔로 덮는 일은 야만 짓이다. 겨울 산 텐트 안에서 함께 날 밤 샐 정도라면 이제 탐험 그 일은 그만두는 게 낫지 않을까. 랜턴을 켜봤자 온기가 얼마나 덕을 줄까. 그냥 둘이서 부둥켜안는 게 살아남을 확률이 더 높을 것이다. 사실 밀치고 당기는 것은 흥정의 묘미가 제값을 할 때 말이지 이런 생사 갈림길에선 도덕 윤리가 무슨 원리냐구? 바람 불어 좋은 날은 배부를 때 타령이고 삶에 있어 철학마저도 흥정으로 벌이는 촌극은 좀 우습지 않나? 또 그걸 모른다는 것도 큰 불행이구만. 암튼 생명 존엄은 어디에 내놓아도 같아야 한다.

허튼소리 거짓 나부랭이를 조잘대는 것은 얄팍한 입술 가진 불량한 족들이 수없이 뱉어낸 찌꺼기들 뿐이다. 철학은 심오함보다 오히려 단순명쾌하다. 우주니 천기니 하는 해묵은 가치 들먹일 필요도 없다. 철학은 사랑이고 지혜다. 그냥 삶 속에 녹아 흐르는 맑고 투명한 영혼의 꿀 같은 것. 어느 누구도 함부로 건드리지 못하는 독창적인 가치를 지닌 것이어서 빛나는 것이다. 추상적이거나 추론을 들먹일 필요도 없다. 꼭 배워 익힌다면 아름다운 행위 또 인간 본성의 선함 그대로 전하고 나누는 일 그것이면 철학은 제 이름값을 다한 것이다. 가장 이성적인 사고와 행동을 말하는 것 그 이상도 이하도 아니다.

자꾸만 내 뒤통수를 잡아당기는 여인이 있다. 굳이 손사래 칠 이유를 모르지만 가는 곳곳 따라온다. 예쁘게 생겼다고 모두가 '훅'하는 것 절대 아닌데 그녀는 계속 비틀거린다. 그녀를 쳐다보면 눈물 없이는 밤을 지켜낼 용기가 없다. 이마에 송골한 방울들이 어쭙잖게 유혹의 뒤끝처럼 끈적거린다. 잔인하게 폭파해 버린 영혼의 얼음꽃들이 산야에 강바닥에 누워있다. 모두가 병든 얼굴로 헉헉대지만 용케 살아남은 우리도 그냥 허무다. 무슨 사랑 타령에 둘만이 킬킬대면 어떤 대가가 있을 법해도 막상 부딪히면 포옹마저 차갑게 올라붙는다. 만월을 기다리지만 아직 열흘이나 기다려야 한다. 눈 폭풍이 차라리 반갑다. 그게 살아있음의 증언이 될 테니까.

그 이름 빨강

200년, 대 기록의 저 밤비처럼
폭우라 이름 지은 저 슬픔처럼
투명한 유리창을 쓸어간 저 어둠처럼
텅 빈 방에 드리운 침묵의 언어
사랑과 마주한 여자의 언어

헐렁한 기억의 자리에 풀어놓은
유일한 빨강, 그래도 빨강
씨줄 날줄 엇갈림에
청운靑雲을 매달았던 긴 끈이 풀렸어도
끝내 구원을 외면한
하나의 원죄

알게 모르게 흔들렸어도
이상理想의 자리에 그대로 남아있는
나의 베아트리체
그 이름 빨강, 영원한 빨강.

허공의 자유날개

선의를 한 아름 뿜어 올리며 올곧게 일어서면 우람하다고 한다. 창대한 꿈을 펼치려 수더분하게 한 걸음 씩 올라서면 더할 나위 없이 아름답다. 열대 우림에서도 살아남은 나무는 오직 위로만 솟구친다. 그곳에서 살생의 적의를 보이면 결코 살아남지 못한다. 허공은 때 묻지 않은 광장이다. 어떤 흔적도 흉터도 없다. 청결한 놀이터로 모두를 불러 어울리게 한다. 낙원의 쉼터로 향하는 모든 몸짓이 용맹을 떠나 거룩하기까지 하다. 스스로 허공에 길을 열어가는 나무의 자유가 부럽다.

비슬산 능선을 여섯 시간 행군하여 목적지 근처에 다달았다. 고산골에서 유가사까지 보이지 않는 허공은 잠시 접어두고 인적 하나 찾아보기 어려운 길을 걸었다. 여기서는 얕은 귀 울음도 쉽게 걸려든다. 자연의 모든 아우성이 여기선 속닥임이 전부다. 세상 오욕 전부를 떨쳐내는 청량한 걸음이 참으로 신기하게 느껴진다. 굳이 수양을 들먹일 필요가 없다. 혼자서 소리치며 세상 얼룩을 털어내도 산은 정색하지 않고 조곤조곤 속삭이며 응대해 준다. 그림자 없이 혼자 걸어온 이 길 어디에도 발자국조차 남김없이 거두어준다. 흔적이란 가장 못난 욕심으로 찌꺼기다. 빛 한 줄기 불러 허공을 가로지르는 산새소리마저 광명처럼 결기가 뜨겁다.

물론 산에는 나무만 있는 것은 아니다. 모두 함께 어울려 일구어가는 생활 터전이지만 허공의 빛깔처럼 맑지 않으니 숨쉬기가 힘든다. 대지와 하늘 간에 경계를 두지 못하는데 심한 불평을 갖는다. 물방울 튀기며 영롱한 이슬아침을 안겨주는 창공의 너그러움을 아는 것은 허공으로 걸어가는 저 나무들이다. 들새의 해맑은 어울림이 곁붙어서 더 아름다운 자유다. 경쾌한 나의 자유가 비슬산 허공을 날았다.

양귀비꽃이 피었다

눈을 뜨자마자 창문가로 내달았다
바람의 인사가 좀 어수선하다
원두막 밤은 터줏대감 자리다툼에 늘 시끄럽다
신호수 같은 외눈박이 외등 아래서 놀아난
아름다운 사랑이 선연히 젖어있다
꽃의 밤은 움막에 들어 잠을 부둥켜안은 듯
피곤의 잎들 달빛에 듬뿍 젖어 생기가 새록하다
바람의 모서리가 들썩했는지 어느새 양귀비꽃이 피었다
살랑대는 허리춤에 종種 하나 거느리고
무사히 치른 밤의 일탈에 부딪는 인사조차 미쁘다

헐렁한 아침이 오히려 새롭다
밤을 빌어 눈 감고 버틴 탓이려니
찢겨나간 바람의 모서리를 아직 알지 못 한다
그 자리에 노래의 이름이 얄궂게 불을 켜 다행이다
조붓한 동산 오름엔 늘 진한 구애의 충동질이
앞서가는 시샘을 따라가느라 시끌하다
누에의 새벽잠을 옷고름에 매어둘까
밤낮없이 드나드는 환영의 입맞춤이
꼭 바람 탓은 아니다
허리춤 흔드는 붉은 유혹의 밤이
아직은 싱싱하다는 전언에 웃음 보였다

새벽잠을 빼앗긴 그대가 먼저

웃음 창을 열어 보인다, 환영일까
갸우뚱 고개 젖히며
보조개 창에 그 말을 담아 흔든다
급히 치른 열애의 다비식이 왠지 까끌하다
무척 오랜만에 만난 초록별의 수줍음 때문일까
의심의 눈짓 여전히 팔랑인다.

4부
하얗게 눈 덮인 동백

보랏빛 향기 그늘에서 너를 노래한다
골목 비켜 나온 양지 언덕에
숨 막히는 웃음 향기 그대로 봄날이 왔다

상처

첫눈 내리는 밤, 거위 울음에 잠을 깼다. 마음 한 가득 풀어놓은 마당에서 낯선 밤이 울적해서 그런 건가, 골짝 빈 수레가 내리막길에서 목이 잠겼다. 함부로 덤비지 못하는 멧돼지 심통, 이제 더 멀리 소식 보내려 해도 적막의 형벌이 너무 억세다. 야생마도 빈 헛간을 찾아들 계절이건만 기척이 보이지 않는다. 온통 새하얀 울음뿐인 이곳엔 어둠만은 찾아들지 않을 것 같다. 달포를 기다린 욕쟁이 이장 소식도 밤 별이 눈을 뜨지 않아 여태 기다리지만 소용없다. 차라리 겨울비가 좋을 때가 있다. 봄이 닥치기 전 마구간 청소엔 그게 더 유용하다. 인연의 손끝이 무척 맵다는 소문 결코 헛소리가 아닌 것 같다. 찬란한 고독 그 속을 누가 알겠나. 못난 마음에 저 눈이 더 꼬집는 것 같아 그런다. 과수 이장이 괜스레 욕을 입에 달고 사는 게 아니다. 긴 긴 눈 밤이 오죽 심술을 부리겠나. 그래도 아직 젊다면 젊은 나인데, 그래 예순.

불을 켜다

토종 단감, 흑 단감, 태주 단감
성질이 다른 세 놈을 이만 원에 입양했다
경쟁심을 추적하려고 식목 행사로 일을 벌였다
얼음 땅을 걷어내고 이 봄을 거뜬히 올려놓았다
변덕스런 이월 바람이 기가 죽었건만
무슨 불만이 그리 많은지 하늘색은 자꾸만 엎어진다

불을 켜야 사태가 수습될 것 같다
수양벚나무가 치렁치렁 긴 머리채 흔들며 봄을 희롱한다
그래 너뿐이야, 맘껏 놀아보자,
한 생의 단막이지만 네 호기가 최고다
봄밤까지 징발한 불빛들이 욕망 끄트머리에 붙어 애원이다
발정을 대신하는 생의 한순간을 완강히 버티는 모습이다

처음이자 마지막일지라도 그건 희망이다, 똑똑한 불 등燈이다
광장의 눈물이 뚝뚝 섬광이다, 칼날 위 함성이다
불을 켜두자, 오래오래

사랑의 간극

예술을 통해 세상을 정화하는 의로운 종교인을 가끔 만나게 된다. 삼라만상 덧없음을 기묘한 예술로 승화시켜 공허한 마음에 아기자기한 꽃으로 분단장한 정원을 차려준다. 세상 얼룩은 어느 정도 필요 가치에 부합하게 적당히 끼워 쓰는 게 어울리기도 한다. 아무리 귀한 물건이라도 막상 곁에 두고 자주 보게 되면 그 가치가 조금씩 흐려지는 것이 어쩌면 사물이 인간 심리 한 가운데에 자리하는 데는 한계가 있는 듯하다.

사랑도 조금은 간극을 두고 멀찌감치 서 거두어들이는 사람일수록 진국이 우러나는 것 같다. 무언가 조금 아쉬운 듯해야 갈구하는 마음이 짙다. 적당한 갈증은 오히려 재활의 요소가 된다. 사랑도 아픔이 내 것일 때 아름다운 꽃을 볼 수가 있다. 고품격으로 눈높이를 키우는 콩깍지 씌기다. 생각이 미치지 못하는 곳까지 찾아가서 얻어낸 기쁨은 이루 말할 수 없이 크다. 평범한 자리, 무조건 끌어안는다고 사랑이 아니다. 예술도 종교도 우리 삶에 평화의 안전장치임은 분명하다. 활력 충전재로서 무한하다. 멀찌감치란 예술미가 참 멋지다.

먹 바람 소리를 찾아서

꿈을 키운다는 것은 목적일 수도 있고 목표가 될 수도 있다
간밤에 몰래 사막을 달렸다, 감격에 한숨도 이루지 못했다
드넓은 사하라도 나미브도 아니고 낙타가 보이지 않는 언덕
바로 지척의 신두리 사구였다
해송이 우두커니 서편으로 고개 돌린 채 반겨주지도 않는
적막한 해변 그것으로 대답을 대신했다
목적을 버리고 목표를 수정해야 했다
왜 유성우가 사막으로 쏟아지는 것인지 궁금증을 안고
소리의 길 따라 코발트 빛 하늘로 떠난다

사막에서 검정색 옷을 입는 것은
기화열을 이용해 쾌감력을 높이는 시나이사막 베두인의 지혜다
고정관념을 벗어나 더위를 이겨내는 그들만의 특장점을 찾아 누리는 것
유일성의 빛을 가지고 흰색과 검은색의 반응은 극과 극이다
모래바람은 익을수록 강해지는 힘을 가졌다
꼭 이루고자 하는 목표가 있다면 이곳으로 가는 바람을 잡아채면 된다

모래폭풍에 길을 잃지 않으려면 꼭 하늘에 발자국을 남겨야 한다
하얀 바람 속에 숨어들어 가슴을 열면 사막의 길이 훤히 다가온다
단둘만의 고행길이 아름답게 포장된 흔적을 놓치지 말자
'살아있어 행복'이란 극찬의 행운을 받아들이면 그곳이 어딘들 어떨까
먹 바람 소리에 귀 기울이면 목적이 무엇인지 또렷이 들린다
목표가 그것이었구나 하고 단번에 매달릴 것이다

가을 폭풍

붉은 가을 색 비집고 들어온 검은 망토에 거친 손
눈매는 하늘처럼 높은데 키는 짤딸막하다
애인을 잃어버려 비관한 아낙처럼
온통 흉한 손찌검에 곡예의 고함 천지다
하늘과 지상 그 어느 곳이든
터 잡은 곳마다 채찍 하나로 평정했다
바지 주머니에 한쪽 손 쿡 찔러 넣고
제법 으스대는 저 꼴
남루한 휘파람 소리로 본색 내보이는
저 망나니는 분명 불의 지뢰다
까막까치가 먹다 남긴 대봉 홍시 반쪽 아래
망초 꽃이 황톳빛 자갈밭을 점령했다
늦걸음에 쫓기는 범인의 행패치고는
당당한 것이 언뜻 그놈이 생각난다

바람의 오아시스

세상에 영원한 것은 신과 대자연의 사랑뿐이다. 모든 것은 어둠이 가져가 버린다. 인간에게 주어진 그 어떤 것도 때가 되면 사라진다. 혹독한 태양의 사랑을 좇아가는 대상隊商도 언덕을 지나면 곧바로 바람이 뒤따라와 그 흔적을 지워버린다. 어느 누구의 길이 아닌 오직 바람의 길이다. 그게 태양, 사막, 인간이 공존하는 사랑의 삼각 고리 바로 모래바람이다. 모래바람을 등지고 모여 앉아 석양이 잠기는 한 잔의 소금차 그 자체가 황홀경이다. 거짓과 질시의 반목으로는 사막을 건널 수가 없다. 정의의 걸음 뒤에는 언제나 낙원이 따라오게 마련 그 중심에 오아시스가 있다.

사막은 베두인의 집이다. 그곳에 사람의 시간이 따로 없다. 오로지 바람, 별, 낙타, 사막뱀 같은 가장 친화적인 동행의 걸음만이 숨겨져 있다. 모래폭풍에 얼굴을 빼앗겨도 그들은 슬픔을 부르지 않는다. 태양과 바람이 대신하는 사랑의 시계가 움직이는 한 어느 누구도 존재 의미를 묻지 않는다. 그러니 베두인은 어느 누구도 전갈에게 물린 적이 없다. 달걀을 삶는 시간도 '기도하는 시간'만큼이면 적당하다고 했다. 그렇다, 세상의 끝을 보려면 사막을 달려 저 높은 설산을 올라야 한다. 그러나 히말라야 등정 소식이 끊긴 지 꽤나 오래이다. 발자국 사라진 그곳을 누가 찾아가겠나. 동토에 숨겨둔 그 발자국은 이미 눈바람이 휩쓸어 가버렸다. 그 눈, 모래바람의 또렷한 눈…

몽니부리다

애기가 길바닥에 드러누워 맹렬 저항이다
새내기 엄마는 길들이려 아픈 마음 숨기지만 난감하다
자식은 인생에 세 번째로 등장한 귀하고 이쁜 존재다
자신의 뜻과 다르다는 이유의 못난이 행패가 몽니다
진실과 정의를 알지만 그것과는 아무런 상관이 없다

송곳니까지가 앞니다, 그다음이 어금니 시작이다
세 번째가 번번이 말썽부리는 사랑니 되겠다
철이든 다음에 뒤늦게 생겨나선 줄 곳 말썽부린다
요것이 잇몸을 씹기도 하고 썩기도 잘 한다는 몽니다
치과 치료 단골에 돈벌이의 주 고객이다

수선화 줄기가 습한 곳곳에 쑥쑥 고개 치밀고 대든다
평화의 시원詩園에 꽃이랍시고 제멋대로 자리를 차지한다
삼세판하고 부르튼 입술로 해코지해도 소용없다
셋째 딸이 늘 말썽 피운다
예쁘게 다듬어준 게 화근이라 툭하면 변덕 심술이다

그래 좋다, 하나, 둘, 셋 찰칵, 가위바위보, 싸움도 삼세판.
삼三은 여유요 갈등 해소의 든든한 열쇠다
사랑에도 몽니 부린다고 까칠한 투정 보인다면
잇몸 씹힌 듯 아무렇지 않은 듯 다시 세 번만 안겨주는 일
때로는 체념이 명약일 때가 더러 있다

환상 속으로

자정, 쾌걸 놀이.
하루를 넘기고 다시 새 창을 젖히는 밤의 적도에 점점이 이어지는 선율, 희망의 교향곡이 어디선가 들려온다. 고구려 말발굽 소리에서 조선의 피폐疲弊한 왕조 정치에서 피비린내 자욱한 암투暗鬪와 교살矯殺로 갈기갈기 찢겨버린 민심, 누구 하나 구국의 일념에 바로 세우지 못한 가난한 혼의 민족사는 구걸로 연명하지 않았던가.
정치를 벗어나 기개氣槪와 지혜知慧로 버티며 겨우 명맥을 이어온 이 나라는 과연 누구의 것인가, 학자도 정의와 용맹이 뒤따라야 곧은길로 정진할 수가 있다.

교향곡 제5번은 그야말로 진보적이다. 합리적 파동이 반복됨은 강인한 의지력의 표현이거나 또는 모든 것을 흡인吸引하려는 힘으로 받아들여진다. 마치 운명을 맘대로 낚아채려는 듯 그 기개가 엄청나다.

밤의 힘, 귀신 놀이.
어둠이기에 모든 것을 고요 속에 묻어 버린다. 모두가 함성을 접어두고 오직 속삭임으로 별빛 따라 나선다. 빈손으로. 제아무리 강짜 부리다가도 가슴에 손이 닿으면 눈 녹듯 무너져버린다. 속닥이는 애무, 그게 진정한 사랑이다. 환상의 절경이 판타지아다.

물의 형상

물이 넘친다고 해서 기울기를 생각할 필요는 없다. 일정한 높이를 두고 벌이는 풍경이라면 한껏 발 구름으로 내닫는 게 좋을 듯했다. 목청을 맘껏 터트리며 둘만이 감당할 수 있는 어깨높이로 서로를 두드려주는 재미가 꽤 괜찮다.

악마의 고함이나 정글의 야수처럼 일정 곡예를 펴는 것과는 분명 다른 생명물의 유희다. 우웃빛이 질척거린다. 나 아니고선 결코 대답을 들을 수 없는 특유의 리듬을 가진 형상의 물. 고원의 호수 빛깔처럼 진한 코발트 빛 기교에 따라 떠오르는 얼굴. 그와의 만남은 늘 망설임이 따른다. 물의 힘과 그 형상에 어울리는 존재를 가지려고 따라나선다. 물의 날개에 올라앉아 한껏 달아오른 유희를 어찌 잊겠나. 리듬은 일정하지가 않다. 늘 그랬듯이 출렁이는 그 맛에 주눅 들면서도 그 형상이 늘 새롭기만 하다. 아무려면 혼자서 박수치진 않았을 거야.

치료 명약

우리의 지혜를 꼬드기는 몇 안 되는 도구 중에 詩가 있다. 인생살이 아름다운 궤적을 활동사진 대신 문자로 그려내는 신기다. 물론 화가의 채색이나 음악가의 선율도 우리 가슴을 흔들지만 작가세계에는 미망을 깨트리는 특유의 함성이 있다. 사랑처럼. '엘리엇'은 '사랑'은 말하려는 욕구와 싸우는 것이다'라고 했다. 이처럼 詩는 사랑처럼 침묵 깊숙이 들어서서 뜨거운 함성을 지른다.

인간은 누구나 위대해지고 싶다는 욕망을 갖고 있다. 권력, 돈이면 위대할 것이라는 착각에 빠져 비극을 자초하는 부류가 꽤 있다. 물론 삶이 조용하면 재미없다. 천둥번개에 비바람 맞기도 하고 꽃잔디에 뒹굴다가 샛강에 텀벙 뛰어들어 물 먹기도 하는 것이 살아있어 행복을 맛보는 일이다. 사랑도 증오도 비슷한 꽃이라는 걸 알게 될 즈음엔 모든 어울림이 생명의 불꽃처럼 뜨거운 것이어야 아름답다는 여유에 다다르게 된다.

행운을 잡아채야 직성이 풀리겠다는 세상이다. 보다 더 강한 자극이 필요한데 도대체 손에 잡히는 게 없다. 극한의 기세로 행운을 얻어 쾌재를 부르겠지만 그것은 잠시 잠깐의 포만감으로 끝나고 만다. 그 후유증에 다시 한번 놀라고는 쓰러질 것이다. 행복을 찾아보자, 주변에 널려있지만 순응하기란 또 쉽지 않다. 자꾸만 더 큰 것을 찾다가 가진 것까지 전부를 잃고 만다. 행운은 노력으로 얻어지는 게 아니지만 행복은 정반대다. 어떤 색깔의 행복을 원하는가? 무엇이든 좋다. 가지고 즐길 수 있다면 어떤 것이든 괜찮다. 그것을 지키는 노력이 필요하다.

명멸明滅은 생명의 불이 켜져 있다는 증거다, 앙다문 함성이다. 세상에 오래될수록 좋은 것은 '고목' 뿐이다. '푸른 너울에 깊은 그늘' 이것보다 기품 있는 덕을 찾기란 쉽지 않다. 그 무거운 중량 속에 길들여진 가치란 어마어마하다. 수천수만 번 속을 뒤집었을 것이다. 고통의 딱지가 덕지덕지 덧대어져 그 자리를 지킬 수 있었을 것이다.
골답 두 마지기보다 무논 한 마지기가 더 값진 자랑일 때가 간혹 있다.

살아있는 선물

편견으로 뒤덮인 주검 위에 할미꽃 피었다. 한 생의 이름 그대로 굽은 의지 탓하지 않아도 얼만큼의 기억은 숭고한 것이다. 좋은 것만 남기자. 꽃비 내리는 날도 슬픔은 눈물짓는 법. 그렇다고 갈바람까지 붙들고 시비할 필요는 없다. 그리움은 추하게 발자국을 남기지만 하얗게 눈 덮인 동백의 걸음은 아무런 흔적이 없다. 계절마다 저 나름의 이름으로 불러 세우지만 가고 없는 그 자리엔 그 무엇도 남기고 싶지 않았을 것이다. 눈앞에서 멀어지기 전 두 손 내밀어 따스한 온기 한가득 쥐여 주는 생명의 선물이면 어떨까. 기억은 시린 몸의 얼룩만이 전부라고 믿고 있다

라일락 노래

혀가 자꾸만 감긴다
사탕 알 굴리듯 사랑을 훔친 듯 마음은 늘 경쾌하다
그 이름 부를 때마다 세상은 온통 향기 꽃밭이 된다
바다를 버리고 이곳 산골짝 까지 와선 할 수 있는 게 없었다
마냥 웃으면 헤프다 말들 많고 고개 저으면 비겁하다 했다
허공을 보고 소리쳐도 아무런 대꾸 없을 때 진즉 알지 못했을까 싶었다
지난 가을 까지 굳게 버티던 색깔마저 방랑의 종을 흔들며 웃음 빼앗아 갔을 때
그냥 넋 놓고 울 수만은 없었다, 감출 수만은 없었던 마음 한 구석
라일락 라일락

노래하듯 바람을 타고 건너온 거리, 세라 복에 웃음 흘리던 그 골목
마음 깊은 곳에 그대로 남아있는 빛나는 날의 추억
내 것도 네 것도 아닌 것, 무작정 갖고 싶던 그 마음 몰래 다락방 구석에 밀쳐둔 추억 보따리
모든 것을 잃은 듯 잠자코 누어있던 빛바랜 그 향기
봄이면 새록새록 잠 깨어 선망의 눈 반짝이는 이곳
보랏빛 향기 그늘에서 너를 노래한다
골목 비켜나온 양지 언덕에 숨 막히는 웃음 향기

그대로 봄날이 왔다

비록 말라깽이 가슴골에 숨어든 눈빛조차 허겁지겁 반갑다
개구쟁이 소년의 뒷걸음질에 걸린 바람마저 향기롭다
한결같이 그대를 쫓아 꼭 사랑을 이루리라 다짐한 세월
내 하나뿐인 그 마음에 새털구름 한 아름 안고
기어코 그가 내게로 돌아왔다

느티의 그늘

마지막 양지에 둘러앉았다. 어둠이 싫다고 손사래 치지만 어차피 우리는 흑백의 장막을 번갈아 펼쳐낸다. 동구 밖에서 밀려오던 하오의 주름진 햇살은 아직 따갑다. 구월이 여기까지 올 때는 몇 번이고 부딪쳤을 것이다. 얕은 꾀로 상처를 덧나게 하면서도 애써 정직을 말하는 세상이 흉물이어도 어느 누가 알은 채 않는다. 울화를 삭이며 빈속을 깡소주 한 잔으로 씻어내기엔 너무 멀리 와 버렸다. 명약도 필요치 않고 이제 무너지기를 기다리는 것일까. 외면한다고 해도 굳이 밀려드는 악의 풍악은 오히려 진혼곡처럼 아프다. 상처 없는 영혼으로 남고 싶은 것이다. 기적소리 따라 더 멀리 달아나던 그 시절의 자유 함성이 그립다. 그래도 그땐 맑은 양심을 찾을 수 있었다. 이게 뭔가. 온통 핏자국에 상대를 억압하며 그 위에 군림하려 발악하고 있다. 낯 두꺼운 파렴치한이 더 큰소리친다. 양지를 버리고 그늘로 내려앉은 사람들조차 그 자리가 편치 않다. 무엇이든 함께 아우르는 저 느티의 그늘이 쇠약해 보인다. 동구 밖 반대편에서 아우성치는 저 울음이 오히려 독이 될까 걱정이다.

설령 우리가 다음 생을 예약했다고 해도 아직은 현생이다.

만복대

북북서에서 달려온 지친 너를 반겼다. 날쌘 칼잡이와 마주선 용맹에 다 같이 웃을 수 있구나. 바람이 전하는 아름다운 이야기. 그러나 눈물 없이는 결코 피울 수 없는 꽃. 약속의 매운 마음으로 피운 꽃. 햇살 그리움에 기댄 아름다운 상처의 말. 정념과 기쁨이 얼싸안은 꽃. 끝끝내 고개 돌릴 수 없는 머나먼 북북서

네 가슴에 등불 하나 밝힐 때 어느 누구도 재회를 약속하지 않았다. 국경을 넘으며 밤을 버리고 도둑눈을 만난 뒤 바로 그 아픔 그대로다. 밤하늘 별들조차 뒤척이며 눈물지었다. 왜 아니라고, 외마디 울음 삭이며 은빛 사연 감추느라 뜬눈으로 지새웠다. 냉전이라지만 결코 오래 다툴 수가 없다. 승전보 알리려 햇살 들이치면 붙박이 사랑도 끝이 난다. 두려움 없이 받아 안기는 그 사연이면 충분하다

상아시원桑阿詩園

장승에 부딪는 바람이 아기 울음같이 들리면 초목은 남아있는 잎마저 떨구며 겨울 채비에 든다. 깡총 토끼 뜀박질 같은 간지럼을 손바닥에 올려두고 후우- 내미는 입 바람은 자칫 오해를 부르는 연정으로 보일 때가 있다. 세상에서 거울이란 모든 사랑을 숨겨두고 아무것도 모른 체 눈만 껌뻑거린다. 그래도 혹한의 걸음이 집을 떠나면 바람의 문도 조용해질 것이다. 때를 기다려야 한다지만 인내가 결코 쉬운 일이 아니다. 세상 시름은 대청 아래 웅크린 백구의 잔등에 피어오르는 햇살로 태워진다. 바쁜 걸음으로 내닫는 바람 소리에 귀를 열었다. 철길 침목 자갈밭의 발 간지럼에 모든 기억 알갱이가 쏟아져 신경이 쫑긋하다. 누군가 거울을 깨트린 것이다.

양심이란 얼굴이 붉은 모습으로 세상을 환하게 밝힐 즈음이면 우리들 모습은 과연 어떨까. 사랑의 심장은 원래 말틀의 것이어서 세상이 더 시끄러운 것이다. 잃어버린 것 아니면 잊어버린 것 어느 것이든 그건 내 것이 아니라는 것이다.

역사는 원래 길이 없다, 누군가 만들어가는 신비의 탐험이다. 신의 부름이 없어도 가진 자들의 노력 없이도 굴러가는 것을 보면 신기하다. 누군가 그랬다, 역사는 전쟁이 이끌어가는 것이라고, 그래 전쟁이다, 숱한 악의 무리가 제 쾌락에 취해 멋대로 엮어간다. 시대의 아픔은 민초들에게 고스란히 덧씌워진다. 세상은 잘난 놈만 모여 사는 동네가 되어버렸다. 제 것도 아닌 것을 멋대로 인심이랍시고 풀어내어 제 살점 뜯기는 줄을 모른다. 누군가 새로운 길을 만들어야 한다. 시대의 기인, 진정한 영웅의 출현은 언제일까, 있기는 한 것일까.

이곳은 자그마치 삼십 년 동안 매듭을 풀지 않은 채 시간을 붙들고 있다. 뒤늦게 잡아당기는 하품 소리에 한 시대의 게으름이 눈을 떴다. 더 늦기 전에 그리움 하나쯤 건져 올려 저 오디나무 붉은 그늘 아래 앉히고 싶다. 비로소 철이 든 것 같다. 기억이 더 흐려지기 전에…

불두화

숨 가쁜 봄 언덕에서 처음 보았을 땐 눈 부신 햇살 탓이려니 했다. 특히나 순백의 얼굴에 깨 점 하나 얹어두고 나비를 손짓하던 그날의 기억이 아직도 함초롬하다.
골팬 이랑 밭 아래서 헐렁한 적삼에 부푼 젖가슴을 설핏 찜하는 심보를 굳이 탓할 필요는 없다. 가늘고 여린 심성의 토닥거림에 늘 상 웃음기 놓지 않는 그대 청춘을 마냥 부러워했음이 솔직할 것이다.

바람의 소리를 잠시 잠그고 오래된 우물물 한 사발에 목젖 긋고 치켜든 얼굴이 아직도 그대로 초연하다는 건 쓸쓸하지만 향기로운 그대가 그냥 꽃이더라, 싶다.
울긋불긋 식상하지 않은 고결한 혈색 그대로 내 안의 그리움을 고스란히 넘겨주려 한다. 내가, 보배로운 마음에 하얀 눈물이 뜨겁다. 과년課年한 행복이 참스럽다.

상수리나무 아래서

농원 한쪽 올망졸망 김장배추가 빳빳하게 고개 치밀고 있다
고구마 줄기는 힘찬 율동으로 제 식솔 배불리며 놀다 졸음에 들었다
외진 전신주 아래 쪼그리고 앉은 복실이는 무얼 엿듣고 있는지 쫑긋하다

영원히 함께하는 것은 없다
세상 어디든 마음 닿는 곳으로 걸음 옮겨 보자
생각 없이 걷다가 문득 난전에 앉아 막국수 비벼 먹는 여인의 풍요를 보고
내 영혼의 빈곤이 겹치는 아련한 시간을 슬쩍 끼워 넣었다
어느 날 그대와 함께 마주한 묵사발에서
뽀얗게 피어오르는 김을 가로 저으며 가슴께로 파고드는 욕정을 나누기도 했다

후줄근히 가을비에 젖은 그림자 하나를 주웠다
긴 밭고랑 끄트머리에서 외마디 부름이 쫓아 왔다
제 꿈을 활짝 젖히는 가을이 한껏 익은 몸으로 톡톡 원두막을 두드린다
풋사랑의 아쉬움이 바람의 손잡고 찾아온 듯
상수리나무는 이야기 밤까지 모두 거두어들이고 있다

황폐한 도시에 꽃詩를 심자

도시가 황무지로 변해가고 있다. 청소부의 새벽 빗질에도 온통 쓰레기 난동이다. 허섭한 제 집 쓰레기는 물론 제 몸의 터럭까지 죄다 벗겨 놓는다. 문명의 바람이 끌어낸 잡동사니는 그야말로 도시의 흉물이 되어 버렸다. 어느 시대의 유물을 욕하지 않겠다. 널브러진 양심의 찌꺼기를 이름표까지 매달아 자랑삼아 흔들고 있다.

그대는 지금 길을 잘못 든 것이다. 연못에 비친 자신을 보고 뛰어든 행위를 남 탓하면 안 된다. 거울로 변신한 물의 잘못이라면 조금은 억지스럽다. 내 마음을 순수하게 갈무리하면 세상에 거울은 필요치 않다. 무언가 거짓 때문에 숨길 것이 많아서 우리는 자꾸만 거울에 자신을 투영해 본다. 대자연의 거울은 단 한 폭에 자신의 모든 진실을 담아낸다.

대자연의 詩, 인간의 詩를 말하고자 한다. '애증은 한 그릇에 담겨 있다'.
흙 속에 용암이 있고 그 불이 타들어 재가 되는 고통을 껴안아 질그릇을 낳는다. 삶과 고통은 시작과 끝이 아니라 순환의 고리다. 우주의 절대가치가 내포되어 있다.
영혼의 눈을 감고서 어찌 세상을 본다고 말하겠는가, 눈을 떠 보자. 진실의 눈이다.
그대가 일구어가는 시간과 공간의 순간순간 눈뜬

일상에서 또 잠든 꿈결에도 누군가에게 무언가 하고 싶은 말 쏟아내고 있지 않은가. 단지 그것을 기록으로 남기지 않았을 뿐 그것 모두 대서사의 詩다. 우리 모두 하루의, 한 줄의 詩를 그려내며 그 끈을 잡고 이어가는 존재다. 그 詩를 잃어버렸다면 우리 생은 비참해진다. 심성은 자꾸만 거칠어진다, 이야기의 끝은 결코 없다.
그대들 모두가 詩人이면서도 詩를 거부하고 있지는 않은가.

詩를 버리고 있다, 마음의 영양분을 그냥 갖다버리고 있다, 자신의 고귀한 가치를 그냥 밖으로 내다 버린다, 아름다운 詩의 세계를 그냥 지나치는 어리석음에 세상은 더 흉흉해진다, 지구상 모든 생명체와 무생물은 인간과 더불어 어울리는 대서사의 詩다, 이 얼마나 값진 인연들인가.

詩가 어렵다고 말하지 말라. 詩의 내면을 들여다보지 않아서 그렇다, 그렇다고 詩를 낙도나 무인도에 버리고 오지는 말라. 세상 詩 전부는 우리 살아가는 길 위에 있는 이야기다. 詩는 추억이고 희망이고 사랑이며 전부 내 것이다. 세상 얼굴 하나하나를 글의 마법으로 또렷하게 풀어내는 언어의 그림이다. 울음마저 슬픔이란 한 가지 이름으로 우리 내면의 그림을 무참히 지워버린다. 오히려 그게 더 비참한 것이다. 슬픔은 사랑의 진액이다, 사랑

없는 슬픔이 어디에 있단 말인가.
슬픔이 가장 깊은 사랑이란 걸 이해한다면 누군가 잔등을 톡톡 두드려주는 위로의 한마디 찰나의 포옹이 詩가 되어 굳건히 일어설 수 있는 것이다. 詩를 모른다면서 어찌 사랑을 품을 수 있을까.

詩는 삶의 진정제요 흥분제이다. 우리 인간에겐 태어난 순간부터 인문보다 詩 예술을 먼저 가르친다면 세상은 훨씬 더 밝고 영특한 인재들로 넘쳐날 것이다. 황무지로 변해버린 세상을 다시 기름지게 할 수 있는 지름길은 詩 예술의 길이다. 인간은 스스로 만들어 놓은 상식의 그물에 갇혀 살아간다. 자칫 찢겨나간다면 영영 되돌아올 수 없는 방황의 사막으로 버려질지도 모른다. 오리가 물을 떠나 살아갈 수 없듯이 인간은 상식의 틀에 맞추어 살아가는 동물이다. 가장 안전하고 든든한 상식의 틀 그것이 詩라는 아름다운 올가미다.

詩는 자유요 정의다. 조개의 몸에 '핵'을 심어 진주로 영글게 한다. 누구나 갖고 있는 착하고 아름다운 '핵'이 詩라면 그 핵을 키워내는 기술을 우리는 생활 속에서 꾸준히 갈고 다듬어야 한다. 물론 음악 미술 등의 예술도 마찬가지다. 우주 공간 어느 곳이든 예술이 존재하지 않는 곳은 없다. 달도 별도 저 숲도 강물에도 詩는 넘쳐흐르고 있다. 황무지로 변해버린 세상을 정화하자.

詩는 '가장 밝은 양심'이란 비밀 병기를 품고 있다, 그 양심을 올곧게 키워나가면 세상 질서는 기초부터 탄탄해진다. 황무지로 변해버린 도시의 거리가 다시 밝아질 것이다. 그대가 그려내고 있는 오늘, 하루라는 한 편의 詩를 상식이란 그물 위에 그려내자. 무질서한 도시, 눈과 귀를 멀게 한 황폐한 도시, 온통 거짓이 난무하는 도시, 詩의 햇볕으로 이 도시를 살려야 한다. 마음이 정결한 사람들의 낙원인 詩 노래의 도시, 이 얼마나 가슴 벅차고 아름다운 우리들 세상인가!!

[마법의 詩 향기의 詩]
황폐한 도시에 꽃詩를 심자

桑阿 詩人. 석인구

애증은 한 그릇에 담겨
끊임없이 이어지는 삶의 서사

김영태
(명예문학박사
전_한국문학비평가협회 부회장)

석인구 시인의 시집 제목 「흰나비 한 마리 앞산 치마 걷어 올리고」는 단순한 자연의 풍경을 묘사하는 듯 보이지만, 그 안에는 자연과 인간, 육체와 감각, 시간과 생명의 다층적인 의미가 중첩된 시적 상상력이 담겨 있다. '흰나비'는 작고 섬세하며 순수한 존재로서 자연의 생명성과 정적인 아름다움을 상징하고, '앞산 치마 걷어 올리고'는 산을 여성의 육체에 비유함으로써 자연이 스스로를 드러내는 관능적이고 생명력 넘치는 장면을 형상화한다. 이때 자연은 더 이상 인간과 분리된 대상이 아니라, 감각과 감정, 존재의 떨림을 공유하는 유기적 실체로 등장한다. '치마를 걷어 올린다'는 표현은 문학적으로 은근한 성적 상상력의 은유이자 생명의 자극이며, 흰나비는 이러한 변화를 일으키는 작은 기폭제로 읽힌다. 봄철 나비의 이미지는 계절의 전환, 생명의 순환, 탄생의 서사를 암시하며, 나비 한 마리의 등장이 겨울의 정적을 깨고 자연의 내면을 열어젖히는 시공간의 전환을 이끈다. 이러한 제목은 시집 전체의 미학과 정서를 압축적으로 드러내며, 시인이 자연과 육체, 감각과 존재를 섬세하면서도 관능적인 시선으로 탐색하고 있음을 암시한다. 이는 단순한 풍경 묘사가 아닌, 시인이 구축하고자 하는 시 세계의 문을 여는 은유적 선언이라 할 수 있다.
석인구 시인의 시 세계를 관통하는 중심 철학은 자연의 시와 인간의 시가 본질적으로 다르지 않다는 인식에서 출발한다. 시인은 삶의 희로애락, 즉 애증이 한 그릇에 담겨 순환하는 우주의 질서 속에서 서사는 끊임없이 생성된다고 본다. 시는 특별한 재능을 지닌 소수의 전유물이 아니라, 모든 인간의 일상과 그 감정의 흐름 속에서 자연스럽게 비롯되는 보편적 서사이며, 흙 속 용암이 고통을 껴안아 질그릇을 빚어내듯이, 인간의 삶 또한 고통과 기쁨, 사랑과 미움이 끊임없이 교차하며 고유한 '시'를 창조해낸다고 믿는다. 따라서 자연의 웅장함과 인간의 섬세한 감정은 분리된 것이 아니라, 우주의 절대가치 안에서 하나로 연결되어 있다는 것이다.
석인구 시인은 우리가 무심코 흘려보내는 일상의 순간들, 심지어 잠든 꿈결 속에서조차 끊임없이 누군가에게 무언가를 말하고 싶어 하는 내면의 목소리들이 모두 거대한 서사시의 일부이며, '대서사의 시'라고 규정한다. 이는 특별한 사건이나 격정적 감정만이 시가 된다는 통념을 부수고, 평범한 일상이야말로 삶이라는 가장 위대한 시의 원천임을 강조하는 태도다. 이러한 시인의 주장은 우리 모두가 매일 자신만의 한 줄의 시를 써 내려가며, 그 시를 통해 삶이라는 끈을 이어가는 존재라고 믿고 있다는 것이다. 그리고 그 시를 잃을 때, 인간은 심성을 잃고 삶은 메말라지기에, 시인은 자신 안의 내면의 목소리에 귀 기울이고 자신의 이야기를 발견하라고 강하게 권유한다. 시집 『흰나비 한 마리 앞산 치마 걷어 올리고』는 그러한 메시지를 담은 간절한 역설의 결과물이다.

시인은 "영혼의 눈을 감고서 어찌 세상을 본다고 말하겠는가. 눈을 떠 보자. 진실의 눈이다."라고 외치며, 피상적인 시각을 넘어 자신의 내면을 성찰하고 삶의 본질을 꿰뚫어보는 '영혼의 눈'을 뜰 것을 촉구한다. 이는 곧 자신의 감정과 마주하고, 삶의 본질을 인식하는 것이 시를 이해하고, 더 나아가 자기만의 시를 창조하는 첫걸음임을 강조하는 것이다. 우리는 매 순간 누군가에게 무언가를 말하고 싶어 하는 존재이며, 그 모든 이야기는 곧 위대한 시라는 사실을 잊지 말아야 한다. 시인은 "그대들 모두가 시인이면서도 시를 거부하고 있지는 않은가."라는 물음을 던지며, 모든 인간이 삶의 이야기를 만들어가는 시인이지만 스스로 그것을 외면하고 있지는 않은지 되돌아보게 한다.

결국 석인구 시인은 삶의 고통과 아름다움이 공존하는 순환 속에서, 우리 모두는 고유한 시를 써 내려가는 존재임을 깨닫고, 자신의 내면에 깃든 진실한 목소리에 귀 기울이며, 그것을 긍정하고 사랑하며 살아가야 한다고 말한다. 그의 외침은 특별한 기교나 형식을 넘어, 진솔한 삶의 경험과 감정을 담아내는 모든 행위가 곧 시가 될 수 있다는 따뜻하고 근원적인 메시지를 전한다.

치자나무 묘분苗盆 두 개를 들인지도 어언 다섯 해를 지났다. 제 뜰을 바꾼 뒤 첫 겨울은 혹독했다. 시름시름 몸살 앓이 할 때는 인연을 비켜갈까 싶어 무척 안타까웠는데 시련기를 지나니 어느새 소년 키만큼 자라 제법 의젓해졌다. 초여름 진객의 새하얀 볼에서 뿜어 나오는 향기는 유혹이라기보다 안녕을 묻는 평화의 희구希求라 할까. 때때로 끊어진 인연을 부르는 제례祭禮의 방편마다 가슴을 물들이는 붉은빛깔은 숙연함 그 자체다.

쇠는 두들겨 길들이지만 인간의 마음은 그저 허전함에 인연끼리 엉기어 하나로 결속하는 혈연이 최우선이다. 그것이 우리 민족의 풍속인 제례가 큰 몫을 한다. 치자나무 두 녀석이 이제 한 몸 되어 덩치가 비만형이다. 경계를 나누려 사이에 끼워둔 분화의 벽은 이름값을 하지 못하고 그 속에 숨어버렸다. 질서정연한 세상에 인간이 끼어들어 결을 흩트리는 것은 큰 죄악이 된다.

새벽 두 시에 앉은뱅이책상 앞에 앉은 시인은 인간을 지배한 검붉은 향에 또 한 번 취한다. 한밤에 따끈한 인스턴트커피 맛이란 세상 그 무엇과도 흥정을 거부한다. 교만을 끼얹은 어둠 속 향취, 멀찌감치 밀쳐두었던 추억을 다시 불러내어 또 한 편의 서사로 그려보는 연모의 참맛은 이 순간 코끝에서 걸음 멈춘 달콤한 커피 향이 한껏 도와준다. 이제 하늘 날개를 풀어 아득하고 아찔한 이상 세계로 유영하는 영혼을 지상에서 가장 향기로운 두 개의 몸 장단으로 꿰맞추고 있다.

산과 바다로 내달리던 청춘의 역마살이 꺾였을 어느 해. 치자꽃 향기로 나를 침몰시킨 보문산 산길 꽃비 유혹을 자꾸 떠올리게 하는 여름날이다. 옹골지게 파헤친 가슴팍 위로 고스란히 살아있는 붉은 입술의 촉촉함이 인연의 두 손 합장케 했다. 일곱 해의 고른 발자국이 아직 선연하게 보인다. 실바람 부는 날이면 어김없이 두 손 잡고 보문산을 오르곤 했다. 간질이는 숨결마다 젖어오던 그때 그 향기는 여전히 식을 줄 모른다. 낮과 밤 어느 쪽이든 한결 같이 꽃물 젖게 그늘을 펴 준 사람. 그 고운 빛깔 고매高邁한 향이 영원하기를, 두 향기 오래도록 남아 흐르기를 소원한다.
〈치자꽃 향기〉

「치자꽃 향기」는 석인구 시인의 내면 서정과 존재론적 사유가 결합된 대표적인 작품으로, 치자나무를 매개로 한 오랜 시간의 정서적 교류를 통해 삶과 죽음, 인연과 단절, 현실과 이상 세계의 경계를 유연하게 넘나든다.
시의 시작은 치자나무 묘분을 들인 지 다섯 해가 흘렀다는 회고적 문장으로, 시인의 시간 감각이 자연의 성장 주기와 깊이 맞물려 있음을 보여준다. 혹독한 겨울을 견뎌낸 식물의 성장 과정은 곧 시인의 고통과 인고의 삶을 반영하는 은유이며, 이는 자연과 인간의 생명력이 상호 교차하며 순환한다는 근본적 인식으로 이어진다.

특히 "초여름 진객의 새하얀 볼에서 뿜어 나오는 향기"는 시적 자아의 감각적 인식을 자극하는 동시에, 그 향기가 단순한 유혹이 아닌 "안녕을 묻는 평화의 희구"라고 표현됨으로써, 감각의 환기에서 존재론적 위안으로 나아가는 시적 전환이 이루어진다. 이는 향기의 '후각적 심상'을 통해 시인이 말하고자 하는 삶의 철학, 곧 애증과 인연의 순환, 고통을 견딘 후의 평화라는 메시지를 더욱 생생하게 전달한다.

치자나무 두 그루가 "한 몸 되어 덩치가 비만형"이 된다는 묘사는 단순한 식물의 생장 양상을 넘어서, 인연과 관계의 융합, 나아가 인간 삶에서의 자연스러운 결속과 동화의 의미를 담고 있다. 시인은 여기서 "경계를 나누려 사이에 끼워둔 분화의 벽은 이름값을 하지 못하고 그 속에 숨어버렸다"고 말하며, 인위적 질서의 무력함과 생명의 자연스러운 통합 과정을 대비시킨다. 이는 곧 시인이 강조하는 '자연 질서 우선의 삶'에 대한 시적 신념으로 읽힌다.

중반부에 등장하는 새벽의 시상(詩想)은 내면의 고요한 독백이자 창작의 영감이 일상과 맞닿는 순간을 보여준다. "새벽 두 시", "인스턴트커피"라는 평범한 일상이 시인의 정신을 각성시키는 계기로

제시되며, 이는 '현실'과 '이상 세계'를 잇는 매개로 작용한다. 이때 커피 향과 치자꽃 향이 나란히 병치되어 감각적 세계와 정신적 세계의 공명을 이끌어내는 구조는 매우 정교하며, 후각적 심상과 기억의 발현이라는 시적 장치를 통해 감각이 곧 사유로 이어지는 내적 연금術이 구현된다.

또한 "보문산 산길", "일곱 해의 고른 발자국", "두 손 잡고 오르던 산길" 등의 회상은 시의 후반부에서 시간을 따라 걷는 추억의 순례로 변모하며, 개인적 연모의 감정이 자연의 풍경과 결합하면서 우주적 순환과 연속성의 감각으로 확장된다. 이 회상은 단순한 과거의 정념이 아니라, 사랑과 그리움이라는 감정의 무게를 자연의 섭리 속에 녹여내는 방식으로 시적 승화를 이룬다.

결국, 시인은 치자꽃의 향기에서 출발하여 일상의 감각, 삶의 시련, 인연의 깊이, 자연의 질서, 추억의 감성을 연결하는 하나의 거대한 순환 구조를 짜올린다. 이는 석인구 시인이 말하는 "애증이 한 그릇에 담겨 순환하는 삶의 본질"이라는 시론을 구체적으로 구현한 작품으로, 시 전체가 일상과 시적 상상력, 감각과 철학, 관계와 존재의 층위를 자유롭게 넘나들며 독자에게 삶의 진실을 감각적으로 깨닫게 한다.

「치자꽃 향기」는 그래서 단지 향기의 노래가 아니라, 향기를 빌어 부르는 존재와 인연의 노래, 그리고 그것을 통해 살아가는 이유를 묻는 시인의 깊은 내적 울림이라 할 수 있다.

노랑 발자국 하나 그물에 걸렸습니다. 반 백 년을 소리쳐도 대꾸 않더니 엊저녁 달 가림에 아뜩하니 그만 숨이 멎을 뻔했습니다. 문밖 지킴이 야시골 여우가 대명천에 숨어들어 여기 하중도에서 옷을 벗었다는 풍문입니다.

국채보상공원 그 무렵 헌병부대 담벼락 철조망에 엉긴 개나리의 샛노란 물도 추억 배낭에서 뛰쳐나왔다네요. 질투 박이 팔공의 범종 소리도 부산을 떨며 바랑을 챙겨 총총히 유채밭에 좌정하고 정기를 퍼트립니다. 뭇 추억을 손짓하던 나른한 봄이 금호강 그르메에 잠시 등을 붙인다는 것이 그만 청보리에 시샘 당해버렸어요.

슬픈 노래는 멀리멀리 흘러갔습니다. 눈과 귀를 닮은 사람들이 금호강에 모여들어 정녕 목청껏 소리치는 꽃 詩 자랑. 詩 노래에 입술 익은 여인들이 줄을 잇습니다.
황화 코스모스가 詩人의 빨강 자전거랑 자웅을 겨루는 여기는 공산의 도포 자락에 젖은 대자연의 뾰두라지 '금호강변 하중도'랍니다.
〈하중도의 빨강 자전거〉

석인구 시인의 「하중도의 빨강 자전거」는 단지 지역적 풍경이나 정서를 묘사하는 차원을 넘어서, 역사적 기억과 공동체적 감수성, 그리고 이를 수용하는 자연의 시적 변증법을 통해 인간 삶의 회복과 통합을 탁월하게 형상화한 작품이다.

우선 시의 도입부에서 '노랑 발자국', '그물에 걸렸다', '반 백 년을 소리쳐도 대꾸 않던 시간' 등은 상징과 의인법을 결합한 표현으로, 단순히 억압의 시간만이 아니라, 침묵 속에 갇힌 주체의 애절함과 분투의 흔적을 감각적으로 드러낸다. 특히 '노랑 발자국'은 봄의 생명력과 희망을 상징함과 동시에, 일제강점기 또는 독재 시기의 억눌린 목소리로 읽히며 개인의 기억이 역사적 현실과 맞닿는 지점을 섬세하게 짚는다.

이와 맞물려 '엊저녁 달 가림에 아뜩하니 그만 숨이 멎을 뻔했다'는 표현은 시간과 공간의 감각이 극적으로 교차되는 시점이다. 달과 숨, '아뜩하다'는 형용사는 시적 순간의 정서적 밀도를 높이는 장치이며, 억압된 기억이 다시 떠오르는 충격의 감정을 실감나게 전달한다. 이처럼 석인구 시인은 구체적 이미지와 추상적 정서를 절묘하게 연결하는 시적 감각을 지녔다.

'야시골 여우', '헌병부대 철조망', '질투 박이 팔공의 범종' 등은 단순한 풍경이 아니라 시간을 품은 기호로 기능하며, 장소가 곧 기억이자 역사임을 말해주는 장치이다. 특히 '개나리의 샛노란 물'은 과거 억압의 상징적 공간 위에 피어난 생명의 색채로, 시적 반전과 은유의 미학이 응축된 구절이다. 이 이미지들은 상징하는 역사성을 강조하고 있지만, 동시에 이들이 시각적이고 청각적인 리듬감 속에서 시의 정서를 주도한다는 점을 함께 언급할 필요가 있다.

'슬픈 노래는 멀리 흘러가고'에서 '목청껏 소리치는

꽃 詩 자랑'으로 이어지는 대목은, 억압된 목소리의 복권이며, 공동체의 감정 표현이 억제에서 해방으로 이행하는 전환의 순간이다. 이는 단순한 자유의 회복이 아니라, 시(詩)와 예술의 힘을 통한 상처의 치유이자 재현임을 시인은 말하고자 한다. 꽃 시 자랑은 단순한 축제가 아니라 기억을 공유하는 의식이고, 시는 역사적 기억을 예술로 치환하는 윤리적 행위로 재정의 된다.

마지막에 등장하는 '황화 코스모스'와 '빨강 자전거'는 이 시의 정서적 클라이맥스다. 코스모스는 가을의 꽃이자 성숙한 자유, 오래 기다린 결실을 의미하며, 빨강 자전거는 시인의 분신이자 해방 이후에도 그 삶을 능동적으로 움직이는 자아의 상징이다. 이 모든 기호는 '하중도'라는 특정 공간 안에서 뿌리내린 기억의 생태학으로서 기능하며, 과거의 억압이 뿌리 뽑히는 것이 아니라 자연의 질서 속에 스며들고, 결국 그것을 넘어서 새로운 생명의 리듬을 창조한다는 순환의 시학을 구현한다.

석인구 시인은 「하중도의 빨강 자전거」를 통해 단순히 지역적 풍경을 노래하는 것이 아니라, 시간과 기억, 역사와 현재가 한데 어우러진 복합적 시공간을 창조한다. 해방된 공동체와 자유로운 자아를 시적으로 환기하는 이 작품은, 언어와 이미지, 감각과 상징을 정교하게 엮은 고밀도의 서정시이자, 삶과 역사를 시로 승화시키는 시인의 문학적 신념의 결정체라 할 수 있다. 이러한 면에서 이 시는 교육적으로도, 비평적으로도 시인의 언어철학과 미학을 통합적으로 이해할 수 있는 매우 우수한 작품이다.

석인구 시인의 시 세계는 철저히 자연과 인간의 순환적 관계, 기억과 감각의 시적 형상화, 모든 존재가 시가 될 수 있다는 실존적 믿음에 기반하고 있다.

「치자꽃 향기」에서는 내면 서정과 존재론적 탐색이 치자나무라는 매개를 통해 유기적으로 전개되며, 「하중도의 빨강 자전거」에서는 지역적 기억과 공동체적 감성이 자연의 질서와 어우러지며 하나의 시적 우주를 형성한다.

석인구 시인에게 시란 특별한 기술이나 형식의 문제가 아니라, 삶을 응시하는 진실한 태도이며, 감각의 층위를 통해 내면을 성찰하고 존재의 고리를 확인하는 서사적 실천이다.

시인은 묻는다. "그대들 모두가 詩人이면서도 詩를 거부하고 있지는 않은가." 이는 시가 누구의 전유물도 아닌 우리 모두의 일상 속에 내재한 본질적 기록이라는 깨우침을 향한 외침이다.

결국 석인구 시인의 시는 감정과 기억, 자연과 인간, 고통과 희망이 한 그릇에 담긴 시적 순환의 정원이며, 독자에게도 자신만의 삶의 시를 발견하고 써 내려가기를 촉구하는 존재의 노래다.

이것이 바로 석인구 시인이 말하는, 그리고 그의 시가 실천하는 '삶의 詩'이다.